「キリストさん」が拓く新たな宣教

災害大国日本に生きる教会と共に

横田法路［編］

いのちのことば社

はじめに――友情がつなぐネットワーク

NPO法人九州キリスト災害支援センター　副理事長／熊本ハーベストチャーチ 牧師

中村陽志

香油も香も心を喜ばせる。友の慰めは自分の考えにまさる。

（箴言二七・九）

二〇一六年の熊本地震後に設立された九州キリスト災害支援センター（九キ災）が、二〇一七年十二月にNPO法人となりました。その際、これまでの働きと多くの方々の支援を感謝する時をもつことになりました。それに合わせて、キリスト者が災害支援に携わることの宣教学的意義を学び合う時をもちたいという願いも起こされました。

そして、このような趣旨に賛同してくださり、日本全国から、また海外からもゲストの方々が来てくださって、二〇一八年三月に「日本宣教フォーラム」が福岡市で開催されました。そのフォーラムの登壇者、またそこに参加してくださる方々の名簿を見ながら、神さまが友情を通してつないでくださっていることを実感しました。

地震後も多くの人々が心配してくださり、熊本・大分のことを心にかけてくださって、わざわざ被災地まで駆けつけてくださいました。「ネットワーク」という言葉で人と人がつながることを表現されますが、私たち九州キリスト災害支援センターのネットワークには、その根底にキリストの愛によって与えられた友情が流れているのだと感じています。

九州キリスト災害支援センターが始まったその日も、神さまが与えてくださった友情に対して驚かされました。横田法路先生や数名の牧師の呼びかけにより、全国から、熊本・大分の地震の支援のために牧師や超教派団体の代表者が会場いっぱいに集まってくださったのです。私は地震直後の混乱の中、会場に遅れて到着しました。今の熊本の状況を話してくださいと言われ、一言一句、言葉を選びながらゆっくりとお話ししたことを覚えています。「あのほんのわずかな時間の地震がこんなに生活を一変させるとは思いもしなかった」とお話を始めました。集まってこられた皆さんの、真剣で愛に溢れた眼差しは私の心を圧倒しました。

そして、横田法路師（現・九キ災理事長）が「皆さんで被災地の教会を支えましょう」と話され、「九州キリスト災害支援センター」がスタートしたのです。それ以来、横田師をはじめ理事の方々は、私をはじめ熊本の被災地の牧師たちを励まし続けました。一軒一軒熊本の教会を訪問し、励ましを直接届けてくださいました。また日本福音同盟の支援を受け、牧師たち家族のリトリートを通して被災地の牧師同士の支え合いの時が持たれました。熊本では毎月熊本のための祈り会が開催され、今は熊本宣教ネットワークとして受け継がれています。

当初、支援の会議のため、福岡に行くことが多くありました。ある会議のときに一人の牧師が会場の油山シャローム教会までの緩やかな坂を歩いて向かっている姿をお見かけしたのです。車を停め、短い距離でしたが助手席にお乗せして、歩いてこられた理由をお聞きしました。言いたくなかったとおっしゃったのですが、ご自分の車を熊本ベースに貸して、ご自分は福岡で、公共交通機関を使って生活をしておられたことを、地震から数か月して初めて知ったのでした。その方は口数も少なく、表立って何かやることを拒まれる性格なのですが、自らを犠牲にし、陰ながら被災地支援を支えるその姿に感銘を受けました。

熊本の一人の牧師とは、地震を通して絆が強められました。九州キリスト災害支援センターが始まり、いつもその方は私の傍らに立ってともに歩んでくださいました。あるとき、イベントの際に意見の違いでぶつかったことがありました。詳しい内容は書くことはできませんが、なぜその意見に固守するのかを問いただしたのです。するとある牧師からの助言で、私の弱さをフォローするようにいわれ、こうすることは助けになると思い、意見を曲げなかったといいます。その優しさは心くじけそうになっていた私の心を励ましました。

地震直後は、日本飢餓対策機構、ワールドビジョン、クラッシュジャパン、ビリー・グラハム伝道団からスタッフを派遣していただきベース運営をしていました。その中で早く現地でスタッフを依頼する必要がありました。神さまが不思議に人々を集めてくださり、他県から長期ボランティアに来た人々、熊本近隣の教会の人々がスタッフとして加わってくださり活動を続けることができました。忙しい業務と、災害地での劣悪な生活環境、ギリギリの精神状況の中、よく神さまと人々に支えていただいたと感謝していま す。しかし、コミュニケーション不足によって傷つけてしまったこともあり、申し訳ない気持ちでいっぱいです。

でも、神さまが集めてくださったスタッフへの友情に、心から神さまに感謝をしています。あるときには衝突し、行き詰まりの壁を経験しながらそれを乗り越えるときに、キリストの愛が通い合うネットワークが構築できるのだと思わされています。

このような教団教派を超え、世代を超え、地域を超えて持たれる友情関係が、度重なる日本での災害の際のネットワークの基盤になると考えるようになりました。そこには利害関係ではない、純粋な友を思うキリストの愛こそが求められ、その関係から醸し出されるキリストの愛は、被災地という宣教地において私たちが「キリストさん」と呼ばれていることに表されているのではないかと思います。

最後に、災害支援活動は日本宣教の土壌改良をするようなものだと横田師は語ってくださいます。日本の教会は現代の最大の未伝地である我が国において、「福音の再確認」を問われているとも感じています。私たちに委ねられている福音は、人々の人生を劇的に変革させることのできるキリストのいのちを宿しているのだということを再確認する必要があるのです。

「私は福音を恥としません。福音は、ユダヤ人をはじめギリシア人にも、信じるすべての人に救いをもたらす神の力です。」

（ローマ一・一六）

熊本地震以来、アジアのリバイバルが起こっている国々を訪問させていただく機会が与えられました。その国々に共通していることは、自国に対する熱いとりなしの祈り、いのちがけの宣教、教会増殖運動でした。そして、不思議なことにそのような国々が特別に日本のために祈っているということでした。

「この福音は、あなたがたが神の恵みを聞いて本当に理解したとき以来、世界中で起こっているように、あなたがたの間でも実を結び成長しています。」　（コロサイ一・六）

災害支援を通して、宣教地の土壌改良がなされ、私たちが今一度委ねられている福音を再発見し、パウロの言葉を借りれば、福音について、しっかりと神の恵みを聞き、それをほんとうに理解するならば、この日本に対しての宣教の働きが勢いを増して広がっていくことを心から信じています。

目次

第四部　総　括

第一部　講演

憐れみ——憐れみなしに家をはなれてはいけない

思いやり――これを持たずに外に出ないで

TOUCHインターナショナル理事長
Rev. Eugene Seow

それからイエスは、すべての町や村を巡って、会堂で教え、御国の福音を宣べ伝え、あらゆる病気、あらゆるわずらいを癒やされた。また、群衆を見て深くあわれまれた。彼らが羊飼いのいない羊の群れのように、弱り果てて倒れていたからである。そこでイエスは弟子たちに言われた。「収穫は多いが、働き手が少ない。だから、収穫の主に、ご自分の収穫のために働き手を送ってくださるように祈りなさい。」

（マタイ九・三五〜三八）

シンガポールからこんにちは。みなさんとＮＰＯ法人九州キリスト災害支援センターの発足を共にお祝いすることができる光栄を感謝いたします。

私たちの出会いは（文字どおり）災難であったものの、神の家族としての絆と友情は災難とは程遠い、尊いものでした。本当に神さまはすべてのことを働かせて益としてくださるお方であり、みなさんのおもてなしとご歓迎に改めて感謝いたします。

ＴＯＵＣＨインターナショナルが災害（人災・天災）への対応を続けるにあたって、しばしば突きつけられる重要な真実があります。それは、神さまは痛みや危機、惨事の中で語られるということです。

「あのときは御声が地を揺り動かしましたが、今は、こう約束しておられます。
『もう一度、わたしは、地だけではなく
天も揺り動かす。』」
（ヘブル一二・二六）

神さまが語られるとき、地とそして天において振動があるという真理があります。したがって、私たちが物理的な震動を天のこちら側で感じるとき、霊的な震動が天において起こっているということがわかるのです。それは私も、そしてだれよりも兄弟姉妹のみなさんがよくご存じだと思います。

ですから今日は、私たちは九州キリスト災害支援センター（以下、九キ災）の立ち上げを記念するために集まったわけではありますが、「神さまは何を語られているのか」という大きな問いかけをするのにふさわしいと考えています。

別の言い方をすれば、もしイエスさまが今日この日本にいる私たちの真ん中に立っておられるなら、何を語られるでしょうか。イエスさまの御心のうちには何があるでしょうか。それはマタイの福音書九章三六～三八節で見つけることができると思います。

「また、群衆を見て深くあわれまれた。彼らが羊飼いのいない羊の群れのように、弱り果てて倒れていたからである。そこでイエスは弟子たちに言われた。『収穫は多いが、働き手が少ない。だから、収穫の主に、ご自分の収穫のために働き手を送ってくださるように祈りなさい。』」

何年もの間私は日本を訪れ、日本のために祈ってきましたが、この御言葉がより一層今日の日本におけるキーワードとなっていると、本当に感じずにはいられません。「収穫は多いが、働き手が少ない。だから、収穫の主に、ご自分の収穫のために働き手を送ってくださるように祈りなさい。」

しかし、ここで注意すべき大切なことがあります。イエスさまは、収穫にはまったく問題がないことを明確に示しておられます（収穫は本当に多いのです！）。問題は働き手（または働き手の不足）です。「収穫は多いが、働き手が少ない。」

今日、私たちはこの特別な日を祝う中で、収穫と働き手の必要性についてのこの言葉は、特に日本の内にあるキリストの体に向けられていると私は深く感じています。たしかに何十年も前から、日本の外にいる神の働き手へ、日本に来るという召しが強く絶えることなく続いています。しかし私は今、これが日本の内にあるキリストの体への召しとなる時、季節（カイロスの瞬間）だと感じています。今こそ教会の壁から外に出て、外のコミュニティに入っていく時です。そして、日本の教会が「小さすぎる、弱すぎる、外からの援助が必要だ」といって何もかも足りないという考え方、この「霊的に欠けているという精神」から脱却する必要があります。主が日本の教会に求めておられるのは、この本当に他に類を見ない季節、時において、今こそ持っているものの大小にかかわらず、収穫のために外へと出ていくということです。

今日私がここで見ていることは、みなさんがこのネットワークを形成し、組織するように主が導かれる中で、神さまが（規模や手段、資源の制約にかかわらず）一つに団結した私たち一人一人を通して成したいと望んでおられることを信じる、新しい考え方と信仰の新しい日の預言的宣言であり、私はみなさんを祝福したいと思います。みなさんが一つとなって事を成そうと望んでおられるのであれば、神さまはそれを祝福されます。みなさんはもう待つ必要も先延ばしにする必要もありません。今がその時です。日本の内にある教会は立ち上がり輝くことができ、日本全体に行き渡り、イエスさまの御名によって強力な祝福になることができます。

そこでもう一つの大きな問いは、私たちを引き止めようとするものは何であるのか、ということでしょう。ここにいる私たち全員が、イエスさまのように応答するのを妨げるものは何でしょうか。そして、収穫されるべき人々に福音が届けられるのを見るために、イエスさまにこのような必死の叫びをあげさせるものは何でしょうか。

この箇所を注意深く見ると、「群衆を見て深くあわれまれた」と明確に述べられています。

「また、群衆を見て深くあわれまれた。彼らが羊飼いのいない羊の群れのように、弱り果てて倒れていたからである。」

神さまはみなさんに、そして今日の日本の教会に、失われた人々や収穫されるべき人々、また社会の中の貧しい人々への思いやりの新たな心を与えたいと考えておられると私は思います。神さまは、日本のイエス・キリストの教会が変革をもたらす者になることを願っておられます。神さまは今日あなたの心に触れ、触れられることを必要とする、より多くの人々の心に触れたいと願っておられるのです。

それでは、イエスさまが持っておられたこの思いやりとは何でしょうか。そして、私たちが失われた人々への思いやりを持つために必要なのは何でしょうか。今日の教会が、この思いやりの心を受けるのに必要なのは何でしょうか。

定義上、「思いやり」とは他の人々への深い愛の気持ちです。そしてそれは御霊の実です（ガラテヤ五・二二～二三）。ヘブル語とギリシア語では、「思いやり」は直訳で「他の人々の必要を内臓から感じること」と訳されています。ある翻訳では、「心配する腸」（私たちの奥深くからの動き）とされており、またマタイの福音書で「思いやり」という言葉には直訳すると「共感する脾臓」という表現が使われています。したがって、イエスさまは「共感する脾臓」を持っていたと訳すことができます。それはイエスさまの存在の最も内側から出てくる、腹の底からの気持ちです。

イエスさまがどのようにして失われた人々への思いやりを持っておられたかを知り、そこから学ぶために、マタイの福音書でのイエスさまとの文脈で「あわれみ（思いやり）」という言葉がどのように使われているかを見てみましょう。マタイの福音書九章三六節、一四章一四節、一五章三二節、二〇章三四節の四か所出てくることに注意してください。

私は、福音から遠い人々、失われた人々、そして軽んじられている人々への思いやりの心を育てるための三つのシンプルなステップを、イエスさまの御心から分かち合いたいと思います。

１　目を開く――群衆を見る。
神さまの心はすべての人のためのものです。
２　手を開く――人々の必要を満たす。
神さまの心は癒やしをもたらすことです。
３　心を開く――神さまに求める。
神さまの心は思いやりです。

１　目を開く――群衆を見る。

神さまの心はすべての人のためのものです。

マタイの福音書九章三六節と一四章一四節のイエスさまが失われた人々への思いやりによって動かされたという箇所から最初に気づくのは、その前に「群衆を見て」と記されているということです。

「また、群衆を見て深くあわれまれた。彼らが羊飼いのいない羊の群れのように、弱り果てて倒れていたからである。」

「イエスは舟から上がり、大勢の群衆をご覧になった。そして彼らを深くあわれんで、彼らの中の病人たちを癒やされた。」

失われた人々への思いやりを持つための重要な第一歩は、ただ単に私たちの目を開けることです。「見ようとしない人ほど盲目な人はいない」とはよく言われていることです。私たちもよく知っているように、私たちは見たいものを見ています。あるいは、私たちが見るものは、心の奥底にあるものを反映しています。私たちは、価値があると思うものや大切にしているもの、欲しいもの、必要なものを見ます。

実は、「大勢の群衆を見ること」と「思いやりを持つこと」がどのように一緒になっているか理解するのは非常に簡単です！　群衆は私たちに広大な必要を示しており、この必要がどんなに大きなものかをありありと鮮やかに示しているからです。それは、海が大きいといったところで、都会に住む私たちの多くは、本当の意味ではこのことを理解できておらず、船にでも乗って、三六〇度地平線のどこにも陸が見えないような真っ青な深い海に囲まれるとき、初めて海がどんなに広大であるかを理解し始めるのに似ています。

そして、失われた世界があり、神さまなしに失われた人々がたくさんいるということをイエスさまが思い出させてくださるとき、以前の経験と過去のイメージによって明らかに制限されていることに気づきます。私たちが意識的に群衆を見て、この失われた世界の広大さを見るまで、自分たちの思いやりのレベルはおそらく、目に見えるもの、それまで見たものにとどまります。主イエスは群衆を見て、彼らを羊飼いのいない羊たちのように思われ、彼らへの思いやりによって深く心動かされました。

「また、群衆を見て深くあわれまれた。彼らが羊飼いのいない羊の群れのように、弱り果てて倒れ

ていたからである。」（マタイ九・三六）

Love Singapore Vision（ラブ・シンガポール・ビジョン）はどのようにして生まれたのでしょうか。主はローレンス牧師の心の中にどのようにビジョンを起こされたのでしょうか。初めてのTOUCHコミュニティサービス・フラッグデー（ボランティアがシンガポールの街中で慈善団体への募金を呼びかける公的資金調達イベント）で、私たちはローレンス先生に募金箱を渡し、シティホールMRT駅（シンガポールで最も混雑した地下鉄駅）の外に立ってもらいました。彼は駅から出てくる何千人もの人々に募金箱を差し出しているうちに、主は彼の心に「あなたが今日見ている群衆が救われると信じますか」と問いかけられました。その瞬間、彼は正直「はい」と言うことができず、人々が救われると信じることができないでいたことに気づきました。彼はその苦しい週末を過ごすことを通して、その国への神さまの心と自分自身の心について知ることができました。

そうです、そのときローレンス先生は群衆を見て、失われた人々がどんなに「羊飼いのいない羊の群れ」のように神さまを必要としているか見て、彼らへの思いやりが溢れ出てきました。神さまはシンガポールのために一つとなり祈るというビジョンを与えられました。それは二十三年前のことでしたが、神さまの恵みによってこの働きは今日でも続いています。

主が、群衆を見るようにと私たちの目を開き始めるにつれて、私たちが見ることを妨げるものは何かということを思い出すのも大切なことです。物理的な場合と同様に、①私たちの視覚や目は、私たちが見るべきものや見たいものから隠されることがあります。②私たちは知識や意識の不足、欺きによって見ているものを認識したり見分けたりすることができなくなっています。たとえ見なければならないものが、私たちの目の前にあったとしても……。③私たちは間違った方向を見ていたり、気を散らされたりします。

私たち全員がよく知っているように、これは霊的な目においても起こります。私たちの霊的な目は塞がれたり、盲目になったり、欺かれたり、気を散らされたりすることがあります。

ヨハネの福音書四章三四～三五節で、イエスさまは緊迫感をもって私たちにあることを思い起こさせられます。

「イエスは彼らに言われた。『わたしの食べ物とは、わたしを遣わされた方のみこころを行い、そのわざを成し遂げることです。あなたがたは、「まだ四か月あって、それから刈り入れだ」と言ってはいませんか。しかし、あなたがたに言います。目を上げて畑を見なさい。色づいて、刈り入れるばかりになっています。』」

目を開き、群衆を見なさい。

2　手を開く――人々の必要を満たす

思いやりの心を育むために私たちが取ることができる第二のステップは――

2　手を開く――人々の必要を満たす。

神さまの心は癒やしをもたらす（イエスさまが必要を満たされた）。

イエスさまの思いやりがはっきりと記された次の二つの場面を見てみましょう。

「イエスは弟子たちを呼んで言われた。『かわいそうに、この群衆はすでに三日間わたしとともにいて、食べる物を持っていないのです。空腹のまま帰らせたくはありません。途中で動けなくなるといけないから。』」
（マタイ一五・三二）

「イエスは深くあわれんで、彼らの目に触れられた。すると、すぐに彼らは見えるようになり、イエスについて行った。」
（同二〇・三四）

ここでイエスさまは混雑したところにいます。一つ目の箇所で、イエスさまは群衆と三日間を過ごされました。そして二つ目の箇所では、群衆と共に移動していました。一つ目においてイエスさまは、群衆を見られただけでなく、彼らの肉体的弱さ、不足、そして（食べ物といった）本当に必要なものも見られました。二つ目では、群衆の中にいて先を急いでいたような瞬間において、群衆の騒音の上をいく叫び声で、二人の目の見えない人が主に慈悲を求めていたのを聞かれました。

ここで私たちは、イエスが歩みを止め、人々を気にかける時間を取られたということがわかります。イエスさまが非常に忙しく、立て込んだ厳しいスケジュールで、ある会合から別の会合へ、あるイベントから別のイベントへと移動する時でさえ、本当の必要を満たすイエスさまの思いやりをここに見ます。イエスさまは空腹の群衆を見て、四千人をいくつかのパンや魚をもって満たされました。また目の見えない人の心からの叫びを聞いたとき、手を伸ばして、彼らに触れて癒やされました。

思いやりとは間違いなく、ただの気持ち以上のものです。それは実際に動き、働きかけることを意味する言葉です。したがって、思いやりの心を成長させるためには、私たちの手足を動かし出さなければなりません。それはナイキの「Just do it（とにかくやってみろ）」というキャッチフレーズのとおりです。私たちは、自分の前に置かれた必要を満たし、一歩一歩を踏み出すためにまず行動を起こさなければなりません。

私は、みんながマザー・テレサのような特別な召命や賜物を持った人である必要はないと信じています。というのは、イエスさまが人々の必要に直面したときに、ただご自分ができるかぎりの最善の方法で満たされたからです。事実、シンガポール（そしておそらく、世界のほとんどの地域でも同様でしょう）での不自由な人々や貧しい人々と関わった私たちの経験からすると、彼らはほとんどの場合、多くを求めることはなく、ただもう一度立ち上がるための手助けを求めていました。彼らもまた尊厳を持った人々であり、自分自身でなんとかできるようにしたいと願っているのです。

チュアさん（シンガポールで私たちがお助けしているクライアント）の話

初めて私たちのスタッフが彼女と連絡を取り合って、比較的若い女性がベッドの上で十四年も過ごしているのを見たときはショックでした。

四十七歳のチュアさんは、ひどい事故による脊髄損傷で十四年間寝たきりの生活を送っていました。夫に先立たれ、十五歳の娘と二人で暮らしていて、八十八歳の母親が毎日訪れて食事の世話をしていました。二年間、ＴＯＵＣＨホームケアのスタッフはチュアさんを訪問し、ベッドから出られるように支援しました。そうした努力にもかかわらず、チュアさんはベッドを離れたり、床に触れたりすることを恐れていたので、リハビリを拒否していました。

しかし、ＴＯＵＣＨホームケアスタッフからの粘り強い励ましによって、チュアさんはとうとう支援を受け入れました。彼女はすぐにスタッフを温かく受け入れるようになり、ＴＯＵＣＨのセラピストによって提案された毎週のエクササイズを受け入れました。その結果、彼女の状態は大きく改善しました。数か月のうちに、チュアさんはベッドから車椅子に移り、外出し、十四年ぶりにお風呂でシャワーを浴びることもできるようになりました！　チュアさんは今、より自信を持ち、床に触れることはもはや恐ろしくありません。

それではこの話は私たちに何を伝えているでしょうか。それは私たちに、シンプルに必要に応え、神さまに残りの仕事をお委ねする必要性を強く示しています。これは、しばしば小さな一歩が大きな成果と影響をもたらすことがあるという私たちへの励ましです。大切なのは思いやりをもって応答することです。シンプルに何かをするというだけのことです。マザー・テレサの言葉にあるように、「私たちみんなが大きなことをできるわけではありません。しかし、私たちは大きな愛で小さなことをすることができるのです」。

私は先ほどの話について深く考える中で、今日の教会にこれとまったく同じことが起こりうるという励ましと警告を強く感じました。何かの必要を見たときに何もできない、しないということは、ベッドで十四年過ごしたあの話の女性のように、私たちを縛り付け続けるかもしれません。恐れや一度足を踏み外した経験によって、私たちはもう一歩踏み出すことをあまりに恐れ、その恐れが増すにつれ、何年もの時間が経ち、母親の愛を十分に知ることも受けることもなくあなたの子どもたちの世代が育つ……。ああ、なんという悲劇でしょうか。

応答する行動。これは確かに思いやりの心を育てるのに必要不可欠なステップです。

また、神さまの御言葉もこれについて沈黙してはいません。実際、箴言二一章一三節で次のように警告しています

「貧しい者の叫びに耳を閉ざす者は、自分が呼ぶときにも答えてもらえない。」

この注意と警告は、イザヤ書五八章全体でも明確に述べられています。そして本当にある必要を満たすために行動することによってブレイクスルーが起きるということが示されています。

「飢えた者に心を配り、苦しむ者の願いを満たすなら、あなたの光は闇の中に輝き上り、あなたの暗闇は真昼のようになる。」

（イザヤ五八・一〇）

今日、神の御霊がすでにみなさんの多くに語りかけておられ、何かをするために次のステップへと歩み出し、外へと踏み出すように求めておられます。聖霊はあなたに職場や近所、学校での必要を示されまし

た。ぜひそれに応答して、何か行動を起こしてください。

ロバート・シュラーは人生の成功とは何かについて素晴らしい定義をしています。「成功した人生とは、ニーズを見つけてそれを満たす人生です。」

３　心を開く――神さまに求める

私たちが思いやりの心を育むための第三にして最後のステップは――

３　心を開く――神さまに求める。

神さまの心は思いやりです。

最後に、マタイの福音書九章三七～三八節でイエスさまが弟子たちに向かってこのように言われました。

「収穫は多いが、働き手が少ない。だから、収穫の主に、ご自分の収穫のために働き手を送ってくださるように祈りなさい。」

ここで私たちは、イエスさまが思いやりをもって、すべての思いやりの源である天の御父にまっすぐに行き、御父に畑へと働き手を送るように嘆願されたのを見ることができます。イエスさまは、熟した作物が収穫されない場合痛んで腐ってしまうことを、農業文化で過ごす中でご存じであり、作物が収穫されるように祈られました。

これが最後のステップであり、私は思いやりの心を育てるために間違いなく不可欠なステップだと確信しています。このステップがなければ、上記のすべてのステップは徒労に過ぎません。このステップが最終的に私たちを超自然と結びつけ、失われた人々への超自然的な思いやりと失われた人々に福音が届くようにという祈りを私たちのうちにもたらします。

マタイの福音書に記されているように、私は主イエスがこれらの言葉をただ言われただけでなく、祈りとして捧げられたのだと思います。それゆえ、神の御子であるイエスさまの祈りが応えられるはずではないでしょうか。収穫の主が祈りに応えられるとき、それはどんな日になることでしょうか。私たちはこれから、かつてないほど多くの働き手が畑に送られ、収穫が刈り入れられ、人々が大波のように神の御国に入るのを見ることでしょう。それは、私たちの神さまが思いやりに溢れた神さまだからです。

こんなことは一体可能なのでしょうか、なぜ私はこんなことを言うに至ったのでしょうか。それは「送る」という言葉がここで使われているのを見るからです。実際の翻訳でこれは「追い出す」という言葉に近いのです。ですから、神さまがこの祈りに応えられるとき、神さまは教会を外に追い出される、それは普通では考えられない出来事であり、突然起こるでしょう。私たちはこれを待ち望んでいなければなりません。私は、聖書の歴史にあるように、神さまの思いやりの心から聖霊が豊かに注がれるのを見ることになると感じます。神さまの思いやりの心が歴史に介入するときに、歴史は大きく変わらずにはいられません（例・ウェールズでのリバイバル〔一九〇四年〕）。

「たとえ山が移り、丘が動いても、わたしの真実の愛はあなたから移らず、わたしの平和の契約は

動かない。――あなたをあわれむ方、主は言われる。」　（イザヤ五四・一〇）

そうです、結局のところ、思いやりの心が与えられるように神さまに祈り求めることがすべてであり、そうして私たち自身がその祈りの応えとなることができるよう、ますます願うようになるのです。

終わりに

ステップ１　目を開く――群衆を見る。
神さまの心はすべての人のためのものです。

ステップ２　手を開く――人々の必要を満たす。
神さまの心は癒やしをもたらします。

ステップ３　心を開く――神さまに求める。
神さまの心は思いやりです。

最後に、私が何年にもわたって奉仕してきたことの中で学んだことは、いつも身近にあるように見える必要に対して実はかなり鈍感になってしまうことがあるということです。しかし、鈍くなった心を治す最良の治療法の一つは、ためらわずに、時には自発的に、きっかけを待ったり「また別の日にしよう」と言ったりすることなく、行動を起こすということです。

ある日、私は運転していたときに道端で車椅子の男性を見かけました。彼はタクシーを止めようと手を振っていて、私はその反対側にいました。そこをすでに五〇～一〇〇メートルほど通り過ぎたとき、主の御霊が、この人を乗せてあげるためにその場所に戻るよう私に促されました。私は結局Uターンし、彼のところで止まりました。彼はとても感謝し、タクシーをつかまえやすい大きな道で降ろしてくれるだけでいいと言い張りました。

その後、指定された場所で彼を降ろすと、彼は私に深く感謝しました。私は、今日まで忘れることのない人生の教訓を主から与えられて、とても喜んでいました。車を止めたのはその人のため以上に私自身のためだったのだと、彼ははっきりと思い起こさせてくれました。なぜなら、もしそのまま行ってしまっていたら、私の心はもっと無関心で冷たくなってしまっていたからです。私が彼にためになったのではなく、私自身のためになったのです。

どうかみなさんご自身のためになるように、思いやりの心が与えられるよう主に祈ってください。それなしで外に出てはいけません。

翻訳＝加藤雄太郎（ラビ・ザカリアス・インターナショナル・ミニストリー巡回伝道者）

第二部　支援の現場から宣教を考える（パネルディスカッション）

東日本大震災によって試された地域教会の宣教

宮城宣教ネットワーク 代表
塩釜聖書バプテスト教会　牧師
大友幸一《ゆきかず》

序

二〇一一年三月十一日の東日本大震災は宮城県の被災地に宣教をもたらしました。半年後の九月に宮城宣教ネットワークが構築され、今に至っています。被災地は海岸近くの農村、漁村の集落が多く、これまでは伝道が難しいと敬遠されていました。ところがそこに求道者や決心者、受洗者が起こされ、その群れが、「家の教会」あるいは新しい会堂によって養われています。私たち塩釜聖書バプテスト教会は六つの家族が津波被害を被りましたが、その中の二つの家屋は「家の教会」でした。それらは新しい家屋での「家の教会」の再建を果たし、宣教活動に励んでいます。

宮城宣教ネットワークに関係する教会や働き人の報告によれば、震災から二〇一五年九月までの四年半の受洗者は九十名、決心者は百八十八名、また教会等は三十八か所で生み出されました。宣教ネットワーク構築を含む教会形成の基本的な考え方、それは東日本大震災の前から抱いていたものです。五つのポイントに絞って記してみたいと思います。

1　宣教思想の確立

四十七年前に私がクリスチャンになった当時、教会では伝道最優先を教え込まれ、とにかく伝道活動に加わらなければならない、主日礼拝や祈禱会には必ず出席しなければならない、そうしなければクリスチャンではないような雰囲気の中にいました。しかし、なかなか人は救われないという現実がありました。そのうちに聖書を学びながら、クリスチャンは弱い人々に仕えたり、経済的に助けたりする善い行いをする人ではないかとの思いがおぼろげに私の心の中にわいてくるようになりました。しかし、教会では隣人に仕えることや善い行いをすることより、直接伝道することのほうが強調されていたように思います。

三十五年前に牧師になってからも、伝道伝道と心をそこに向けてきました。人がどんどん救われ、教会が大きくなることを願っていましたが、思いどおりにはなりませんでした。それで福音書を読み、イエスさまの伝道について調べてみました。その結果、どうも自分が伝道活動として実行していることと、聖書が教えている伝道とは違うのではないか、だから人が救われないのではないかと考えるようになりました。

十数年前、クリスチャン新聞やさまざまなキリスト教関係の雑誌から「キリスト者の社会的責任」「統合的宣教」「まるごとの福音」等の言葉を目にするようになりました。教会はキリスト者しかできない福音を伝えるという霊的な働きとともに、社会的な面での助けをする、つまり貧しい人に施し、弱い人々を励ます役割があることを知りました。その二つの使命を果たしていくときに、地上に神の御国を実現させていくのだとわかりました。

教会がこの社会に対して実行するまるごとの福音宣教、それを御国を拡大する宣教と定義するなら、「ソーシャルミニストリー／エバンジェリズム」であることがはっきりとわかりました。「／」はどちらかという意味ではなく、ソーシャルミニストリーはエバンジェリズムであり、エバンジェリズムはソーシャルミニストリーなのです。決して分離してはいけないもので、社会に対する働きかけと福音提示が、コインの裏表のような形をとっているのが、聖書が教える宣教であることが明確になりました。

その宣教思想を三・一一以前から教会で学んでいました。特にリーダーたちとはよく学んでいたので、当教会の震災復興支援プロジェクト「ホープみやぎ」の働きは継続できたと思われます。

支援活動をしていた被災地のある牧師は、外部からのボランティアをほとんど受け入れていました。その町の仮設住宅に多くの支援ができ、その中から救われる人々も起こされていました。とても評判の良い教会の働きでしたが、三、四年と過ぎていくうちに三・一一以前からの古くからの教会員から、支援活動をやめて通常の教会活動に戻してほしいとの不平不満が出てきました。なぜこんなことが起こったのでしょうか。その理由のひとつは、宣教思想が牧師と教会員同士で分かち合われていなかったからではないでしょうか。

被災地で支援活動を続けていくためには、しっかりとした宣教思想が必要でした。教会がこの世にどのように宣教を進めていくのか、みことばを根拠にしっかりと学んでおかなければ、長期的に宣教活動ができなくなったり、教会が崩れてしまったりするという危険性があります。
ですから、平時の時に自分たちの教会の宣教思想を確立しておくことが大切になります。

II　家の教会による開拓

私たちが開拓伝道、つまり教会を生み出すことを考えるとき、どのような教会をめざすべきで、教会がこの地上に存在する目的や使命が何であるのかを、聖書からはっきりと学ばなければなりません。開拓伝道中の教会は常に伝道を意識しています。何とかしてひとりでも多くの人に福音を伝えて、ある程度の人数にしなければならないと考えています。その動機はどこにあるのでしょうか。もちろん福音宣教大命令があるからですが、はたしてそれだけでしょうか。

ある程度の人数にならなければ経済的に独立できません。そこでの働き人の謝礼、建物の費用を捻出することができません。いつの間にか教会会議は、いかにして伝道を展開していくかではなくて、金銭の話題において議論沸騰ということになってしまうのです。

また、教会がある程度の人数を確保し、経済的に安定していくと、伝道という言葉は少なくなってきて、内部を固めよう、もっと霊的な成長をめざそう、教会員の交わりを大切にしようと、内向きになる傾向が出てきます。他の教会から開拓伝道の話を聞いても「もっと教会が大きくなってから」「今は教会員を育てる時だから」と言い訳をして、重い腰を上げないという現実があります。もちろん教会はいろいろな人々を抱えています。また教会員のニーズはさまざまです。ですが、そればかりに労力が奪われ、問題は解決しないばかりか、元々持っていた伝道への思いも消えてしまうことがあるのではないでしょうか。

それでは、どこに日本の教会のモデルを見いだすべきでしょうか。日本のプロテスタント教会のルーツは一五〇〇年代のヨーロッパでの宗教改革にあります。宗教改革はローマ・カトリックというキリスト教社会での改革であり、まったくの異教社会での改革ではなかったのです。ところで、日本は八百万《やおよろず》の神々を崇める完全な異教社会です。ここでの宣教モデルをプロテスタント教会の伝統に求めることは、はたして最善のことでしょうか。

そのモデルを「使徒の働き」やパウロの各書簡に求めるならどうでしょうか。当時の世界はさまざまな神々で満ちていました。使徒時代の教会は立派な会堂があり、何百人何万人と集まる、教職者と一般信徒を区別する制度化された教会ではなく、十人前後が世話好きの家長の家に集う「家の教会」だったのです。そのような教会は、生まれることもあれば消えることもある、自由な集まりでした。彼らは普遍教会《ユニバーサルチャーチ》の一員であることはイエス・キリストを信じる信仰によって確信するところですが、地域教会《ローカルチャーチ》である「家の教会」への所属はどこでも同じというような考えがあったのではないでしょうか。使徒時代には教団、教派の教会はなかったのです。そのような教会の発展の様子が聖書に記録されています。

「こうして、教会はユダヤ、ガリラヤ、サマリアの全地にわたり築き上げられて平安を得た。主を恐れ、聖霊に励まされて前進し続け、信者の数が増えていった。」
（使徒九・三一）

使徒時代のエルサレム教会への迫害、それによってもたらされたキリスト者の痛み、苦しみは福音宣教の拡大へとつながりました。当教会の二つの「家の教会」は三・一一で大きな試練に遭ったにもかかわらず、その宣教は前進しているのです。ここに聖霊の働きを見ることができます。〝被災者は被災者らしく〟とはこの世の人々の考えで、聖霊を宿した人は被災者となってからいよいよ自分のなすべきことがはっきりと示された、つまり人生を宣教特化することへと導かれたのではないかと思われます。

Ⅲ　責任伝道圏の設定

イエスさまが教えてくださった祈りの中に「御国が来ますように。みこころが天で行われるように、地でも行われますように」との祈りがあります（マタイ六・一〇）。ここで「地」と言われているのはこの地上のことであり、私たちの身の回りという意味です。この地上に御国が来ることが私たちキリスト者の願いです。それではどのようにして主のみこころが実現する御国がもたらされるのでしょうか。それは聖霊を宿したキリスト者がたくさん生まれることで可能になるのです。つまり、福音を伝えることによって実現していくのです。私たちは全世界に福音を伝えることを命じられています。全世界に伝えるには、各々の地域教会にそれぞれが担当する地域があると考えるのが自然ではないでしょうか。地域教会である私たちの教会が責任を果たさなければならない地域とはどこでしょうか。御国をもたらさなければならない所はどこでしょうか。そのような祈りの中から「責任伝道圏」の考えが生まれてきました。

これまで日本のキリスト教界で、教会形成がきわめて難しい地域といわれていたのが被災地です。なぜ、難しかったのかということを考えなければなりません。それは今までやってきた伝道方法や教会形成が、そこに合わなかったからではないでしょうか。つまり難しさというのは地域性の問題ではなく、私たちの決まりきった伝道方法を見直さなかったからではないかと思われます。

パウロは偶像の町アテネで創造主なる神さまについて、このようにメッセージしました。

「神は、一人の人からあらゆる民を造り出して、地の全面に住まわせ、それぞれに決められた時代と、住まいの境をお定めになりました。それは、神を求めさせるためです。もし人が手探りで求めることがあれば、神を見出すこともあるでしょう。確かに、神は私たち一人ひとりから遠く離れてはおられません。」

(使徒一七・二六〜二七)

歴史におけるさまざまな時代、さまざまな住まいの境界は、神を求めさせるための創造主のご計画であるとのことです。創造主は神を求めさせるために地境を設けてくださいました。私たちはその地境を考えずに、日本全土はどこでも同じという視点で伝道してきました。地境の内と外では伝道方法は違わなければなりません。

パウロは伝道対象者をみな同一とは考えていませんでした。むしろ、相手を理解し、相手の立場に立ち、最もふさわしい方法で福音提示をしていたということであり、相手を自分に合わせるのではなく、相手に自分を合わせていたということです。

三・一一の前はほとんど福音を聞くことがなかった人々が、三・一一の後に信仰に導かれています。その人々の証しによればクリスチャンボランティアの優しさ、真面目さ、温かさ、互いを思いやる気持ちなどに触れ、彼らの人格の素晴らしさに感動して、聖書に興味を持ち、信仰告白に導かれました。そして、教会が始まっているのです。その教会は既存の教会とスタイルは違いますが、確かにいのちが感じられる小さな教会です。

これまでの伝道方法にとらわれず、自分が遣わされた被災地という特殊な地境に最もふわさしい伝道方法を見いだそうと努力し、ボランティア活動してきた働き人によって、宣教の実を見ていることは、注目すべきことです。

Ⅳ　教会間ネットワークの構築

「使徒の働き」とパウロの手紙から二つの宣教戦略を見いだすことができます。ひとつは小アジア、地中海沿岸の大都市に教会を作り、その拠点を線で結ぶアンティオキア教会型、もうひとつは小アジアにある地方都市のいくつかの教会がエペソ教会を中心に互いに関係し合う、つまりネットワーク化したエペソ教会型です。責任伝道圏は後者の戦略に基づいています。

責任伝道圏が明らかになり、そこに御国を効果的にもたらすには、その地域にある他の教会との協力が不可欠であることがわかります。地域教会が存在する大きな理由は、福音を伝え、そこに御国を実現させるためです。神は摂理の中で、さまざまなタイプの教会を責任伝道圏に置いてくださっています。

パウロはエペソ人に宛てた手紙を書きました。その書き出しはこのようになっています。

「神のみこころによるキリスト・イエスの使徒パウロから、キリスト・イエスにある忠実なエペソの聖徒たちへ。」

（エペソ一・一）

この「エペソ」という地名が抜けている写本が発見されています。その意味するところは、小アジアの諸教会に回覧されたものではないかという考えがあります。この手紙は、ひとつの町のひとつの教会宛てというのではなく、ひとつの地域にある複数の教会に宛てられたものであると理解することができます。使徒時代の教会には教団、教派はなかったので、大小さまざまな「家の教会」はすべて主の教会、ひとつの教会という考えのもとで、人材交流などが頻繁に行われていたのではないかと想像することができます。

責任伝道圏内にある諸教会をキリストのからだの一器官と見なすことができるなら、互いに教会は助け合わなければならないでしょう。パウロは、キリストのからだとそれを構成する各器官との関係についてこう述べています。

「それは、からだの中に分裂がなく、各部分が互いのために、同じように配慮し合うためです。一つの部分が苦しめば、すべての部分がともに苦しみ、一つの部分が尊ばれれば、すべての部分がともに喜ぶのです。あなたがたはキリストのからだであって、一人ひとりはその部分です。」

（Ｉコリント一二・二五～二七）

互いに労わり合い、共に喜ぶコミュニティは御国です。ひとつの地域教会が、責任伝道圏にある諸教会とキリストのからだの器官のように関わり合うならば、その地域全体に御国がもたらされるのはひとつの教会で御国をもたらすよりもっと効果的に実現できるはずです。その地域にあるひとつひとつの教会の規模は実にさまざまです。集まっている人もさまざまです。年齢もさまざまです。礼拝で歌う賛美の形式もさまざまです。教団、教派に属する教会もあれば、単立の教会もあります。タイプが違うそれぞれの教会が責任伝道圏内にあることは恵みです。

被災地という責任伝道圏の中でこのネットワークが有効に働き、受洗者、決心者、求道者が見いだされています。

Ⅴ　教会員教育の目的

牧師の役割について、「聖徒たちを整えて奉仕の働きをさせ、キリストのからだを建て上げるため」（エペソ四・一二）と記されています。具体的には、主から委ねられた教会員をキリストの三つの弟子像を目標に教育していかなければならないということです。私たちの教会では、①みことばに献身する人、②実を結ぶ証し人、③愛のしもべとして仕える人、になるようにさまざまなテキストを用いて実践を含んだ学びをし、型どおりではない人格教育を向上心のある教会員に提供してきました。

私は、教会員を弟子訓練したらきっと伝道して魂をどんどん獲得して、教会を成長させるだろうと期待していました。しかし、救われる人数に毎年あまり変化はありませんでした。それで、福音書を読み直しました。イエスさまは十二弟子とどう関わっていたのか。十二弟子に何を命じていたのか等、読みながら考えました。

イエスさまは何のために十二弟子を訓練したのでしょうか。私は教会が大きくなることを願っていたのですが、そうはなりませんでした。イエスさまが十二弟子を訓練した目的は、彼らを足元に置くためではなく、派遣するためでした。イエスさまが命じた宣教大命令をよく見て「ですから、あなたがたは行って」（マタイ二八・一九）に注目しました。イエスさまの弟子訓練のゴールは弟子たちの派遣です。弟子たちを自立したクリスチャンに育て、教会からこの世に遣わすことでした。

教会の宣教がどうして進まないのか。どうして神の国は前進しないのか。どうして救われる人が少ないのか。その理由の一つは、教会員を訓練して派遣してこなかったからではないでしょうか。教会に人を集めよう集めようとして、派遣はしてこなかった。つまり宣教大命令と違うことをしてきたからではないかと気づかされたのです。

それで当教会では訓練した夫妻の希望を聞いて「家の教会」を始めていました。そして、二〇一一年四月から、教会の体制を「家の教会」中心にしようとしていた矢先の三・一一であり、二つの「家の教会」は津波でその家屋を失いました。ところがこの二つの「家の教会」自体は大震災でも崩れることはなく、大津波でも流されることはありませんでした。なぜなら「家の教会」はそこに集っている人々であり、建物ありきではなかったからです。

使徒時代のエルサレム教会は大きく成長したため、脅威を感じた宗教指導者たちは教会を迫害しました。ステパノを殺し、キリスト者たちは町から散らされました。着の身着のままの者たちも多かったことでしょう。しかし、彼らは不自由な生活の中でみことばを宣べ伝えながら巡り歩きました（使徒八・四）。当教会の開拓者たちは津波ですべてを失いましたが、それでへこたれることはありませんでした。いや、ますますみことばを宣べ伝えることに使命を感じて宣教活動を続けてきました。

なぜこのようなことができたのか、その理由は、教会員を自立したキリスト者として育て、住んでいる地域に派遣することを目的にしてきたからだと思われます。

結

東日本大震災は、日本のキリスト教会とクリスチャンを試練に投げ込みました。しかし、宣教という視点で見るなら、その試練は決して無意味ではなかったことが宮城宣教ネットワークの報告によって明らかになりました。教会形成が難しいといわれていた東北地方の農村、漁村にクリスチャンが生まれ、教会が始まっているのです。難しいところでできるなら、日本のどこにでも教会を生み出せるということではないでしょうか。

もし、宮城宣教ネットワークが大切にしてきた宣教に対する考え方や実践が日本各地の教会で用いられるなら、日本宣教への未来を明るくしてくれるのではないかと思われます。

参考資料

１　大友幸一『東日本大震災と教会増殖』アジアンアクセス・ジャパン、二〇一六年
２　大友幸一、柴田初男、ヒューレット・えり子編『「震災と信仰調査」報告書』東京基督教大学国際宣教センター日本宣教リサーチ、二〇一六年
３　大友幸一、論文『宮城県内の教会増殖の提言――信徒主体の「家の教会」による開拓伝道』二〇一一年
宮城宣教ネットワークＷＥＢサイト　https://www.mm-network.jp/

大友幸一氏の基調講演に対する応答として
——阪神・淡路大震災の経験から

基督兄弟団　理事長
基督兄弟団ニューコミュニティ　主任牧師
小平牧生

一昨年の「熊本地震」の被災地域にある諸教会の協力の働きの中から「NPO法人九州キリスト災害支援センター」が設立されるにあたり、この地にあって仕えてこられた皆さまと諸教会に対して心からの感謝とともに、お慶《よろこ》びを申しあげます。

また、このシンポジウムの表題が表しているように、この日本において続く自然災害を経験する私たちが、ただ単に災害以前への復旧・復興をめざすのではなく、神がこの日本になさろうとしている将来の像に目を向けて日本宣教を考え続けようとする取り組みに対して心から感謝する一人です。

主題講演においては、東日本大震災によるあの大きな試練の経験から、「教会形成が難しいといわれていた東北地方の農村、漁村にクリスチャンが生まれ、教会が始まっているのです。難しいところでできるなら、日本のどこにでも教会を生み出せる」と、大友先生が結んでくださっていることに、大きな励ましを覚えます。

私は、一九九五年の阪神淡路大震災の被災者の一人であり、被災者たちによる教会の牧師です。私たちの地域は最大震度七を記録した兵庫県西宮市南部に位置し、教会は震災直後に西宮市により指定避難所に指定されました。同時に、ワールド・ビジョン・ジャパン、日本国際飢餓対策機構（ＪＩＦＨ）、その他の現地事務所が置かれました。当時私は、近畿福音放送伝道協力会の事務局長でありましたが、阪神淡路大震災の被災地のほとんどがこの放送の届く、協力教会の範囲内であったことから、日本福音同盟などの協力を得て近放伝の中に「復興支援協力会」が置かれました。そして被災地の西半分の神戸地区では神戸宣教祈禱会が、東の阪神地区は阪神宣教祈禱会が「『We Love 阪神！』大震災復興ミニストリー」を結成して復興支援の協力の働きを行いました。

あれからすでに二十三年という期間が経ち、私たちの住む社会の様相は大きく変わりました。阪神淡路大震災のときには、携帯電話、インターネット、電子メールなどは、いずれもまだ十分に普及してはいませんでした。私が使っていた情報ツールは、ポケベルとパソコン通信です。しかし、電話回線で繋いで「ニフティ」掲示板に現地の情報を書いても、そこを訪れて見てくださる人はごく一部に限られています。二か月後には東京で地下鉄サリン事件が起こり、テレビなどの報道や人々の関心はそちらに移りました。

「知られていない」ということは、つらいことです。そのような中で現地からの発信状況によっては、一部に偏った情報が伝わります。現在のように、スマートフォン（以下、スマホ）で現地の様子をリアルタイムで観ることができ、支援者や被災者が双方向で情報発信ができる環境は大きな恵みであると思います。

また、この間のキリスト教会のネットワークや宣教インフラの広がりと深まりにも、目を見張るものがあります。ボランティアに関する意識と実践が深まり、リーダーの信頼やつながりが強まり、諸団体の連携などが機能するようになりました。それはちょうどパソコン通信とインターネットの違いのように、キリスト教会という一つの世界の中でのネットでしかなかったものが、今ではキリスト教会の外にもつながるネットワークが機能しています。

そのようなことを思い巡らしながら、私自身は、今回掲げられている「支援の現場から宣教を考える」という言葉に、ある面では少しの戸惑いを感じていることも事実なのです。もちろん、私たちは被災地においてずっと宣教について考えてきました。しかし、それは「支援の現場から」というよりも、むしろ「被災の現場から」であったように思います。

二〇一六年に神戸で第六回日本伝道会議が行われましたが、ちょうどその前年が震災から二十年の記念の年であり、プログラム局では神戸のプロジェクトとして「阪神淡路大震災をふりかえる」という企画を提案しました。これまでの歩みを振り返り、教会の歩みと働きを検証する時となることを期待したのです。しかし結果的に、神戸の方々は必ずしも積極的な反応を表されることはなかったように思います。あくまでも私の個人的な感じですが、そこには「何らかの意味のある答えを求めようとする」あり方に対する抵抗のようなものを感じました。

私もそうですが、神戸や阪神の教会や牧師は、「大震災を経験してどう変わりましたか」とか「宣教にどのように活かすことができましたか」という質問を、これまでに嫌というほど受けてきました。たしかに、私たちはピンチの状況の中からチャンスを探し出したいし、マイナスの出来事をプラスに変えたいし、大友先生が記してくださった結論にありますように、「宣教という視点で見るなら、その試練は決して無意味ではなかったことが……明らかになった」と、言いたいと思うのです。

そして事実、私たちもそのように願って取り組んできたことには間違いありません。その結果、被災地にある教会の宣教の姿は震災以前よりもはるかに豊かになっているかもしれません。しかしそれでも、「支援から」という視点だけでは、教会は何か大切なことを背後に追いやってしまっているのではないかと思えて仕方がないというのが、私の問題意識です。

《支える者から、支えられる者へ》

苦しみは、私たちが人間として当然経験することであるとともに、キリストに従う者に与えられるものではないでしょうか。十字架は私たちに新たな生命を与えるとともに、キリストに従う者の新たな生き方を求めます。私は震災以降の二十三年の歩みをとおして、神は私たちの苦しみのただ中に働いておられ、あえて言えば、そここそが神の臨在とご自身の働きを見ることのできる場所であるとさえ思います。そして、苦しみは共同体として共有されるべきものであり、私たちの信仰を新たに問い直すものであると信じています。

あの阪神淡路大震災の現場において、私たちはたしかに最初は「支援する」ことを意識しました。それは、キリスト者の責任としての宣教のあり方であると教えられてきたからです。「教えられてきた」というよりも、それ以前から教会がもっていた性質であったと思います。が、やがて私自身も教会も自らが支援する立場であるというよりも、支援を受ける者であることに気がつき、そして、やがては互いに支え合う者としての意識をもつようになっていきました。緊急支援の段階にあっては外からの支援が重要であることは当然ですが、やがてはそこに生きる者たちの日常的な相互支援へと進んでいきます。支援する立場にあることや、それに対する強すぎる意識が、あるべき姿や関係をさまたげることも経験しました。そのような中で導かれてきたのは、教会は苦しみの中にある人を支援するためにあるというよりも、むしろ苦しみの真ん中にあって、自らも苦しむ者たちとしてともに生き続けているというあり方です。大友氏が「支援」を「伝道」との統合について述べてくださっていますが、それは働きの統合ではなく、私たち自身の中において「支援する者」であることと「支援される者」であることの性質の統合が必要であると思います。そして、そのような生き方を可能とする交わりが、「家の教会」に代表されるような共同体であるのでしょう。

《経験を共有する交わりから、人生の共同体へ》

広範囲な大災害がもたらす苦難は、被災者に経験の共有、また共有の経験を与えるという性質を強くもっています。三・一一以降、「絆」とか「つながる」という言葉が繰り返されているように、復興において苦しみの経験を共有することは難しいことではなく、むしろ自然なことです。しかしその交わりが、やがて回復から再生へのプロセスを共有する共同体として形成されていくためにはさまざまな課題がありま す。たとえば、傷ついた経験をもつ人がその痛みを共有する段階を経て、そこから新たな段階へと進もうとするときに、それまでの交わりから突然離れていく姿も復興の途上には見られることです。同じ病室で闘病しているときには互いに理解し合える関係であると感じても、やがて病が癒やされて退院して日常の生活に回復すると、あのときの励まし合う関係は必要がなくなってしまうようにです。

そのような中で、教会は「人生の共同体」を人々に提供します。阪神淡路大震災とほぼ同じ時期から、日本においては弟子化運動が展開されました。そこでは、セルや小グループというアカウンタビリティの求められる小さな共同体、そしてメンタリングやコーチングによる一対一の育成が導入されています。これらはジョン・ウェスレーによるメソジスト運動における組会（少人数の交わり）、そしてガイドまた同行者と呼ばれる取り組みにさかのぼって語られますが、その後の歩みにおいてそれが形骸化し、律法化の途をたどった現実もあります。同様の状況が、日本の弟子化運動だけではなく、災害からの復興途上の教会に起こる混乱にも見られるのではないでしょうか。これらの歴史や経験をふまえて、私たちはあらためて霊的、生活的に統合された人間形成と、また原理と実践の結び合った共同体形成をめざしたいと思います。

《過去に追いやることから、思い起こして語ることへ》

ヘンリー・ナウエンは、その著書『傷ついた癒し人――苦悩する現代社会と牧会者』（日本キリスト教団出版局、二〇〇五年）の中で、苦しみの経験を思い起こして繰り返し語ることの重要性を指摘しています。

それによって、私たちの痛みを過去に消し去るのではなく、より大きな神の歴史の中に私たちの人生を位置付けることができるというのです。

阪神淡路大震災で被災した人々との交わりの中で、その苦しみや痛みがいまだに心の中に閉じ込められたままになっていることを見いだすことがあります。それは、被災による直接的なものだけではなく、たとえば他の被災者やその後の災害との比較から来るものであったり、自分が受けたものを返せないという負い目であったりします。それらはなかなか深刻なものです。

出来事の種類は異なりますが、私たち基督兄弟団の前身は、かつて戦時中に弾圧を受け、牧師の一斉検挙、教会解散を経験した旧日本基督教団第九部の「きよめ教会」です。しかしながら、そのような過去の苦しみの経験が、教団の外に向かってはもちろん、内部においても語られることは決して多くはありませんでした。むしろ多くの関係者は口を閉ざしてきました。そこには、教会の犯した罪と果たせなかった責任に対する思いがあるのかもしれません。しかしそれ以上に、自らの闇の部分に目を向けようとしない性質が私たちの内にはあるのではないだろうかと感じます。そのような闇を内に抱えながら、伝道の進展と教会の成長をめざすことによってそれらを覆おうとしてきた歩みは、決して健全な姿を生み出しませんでした。過去の痛みや苦しみなどの闇の部分に対して、共同体として目を向けることなく前に向かおうとする私たちの性質は、真の癒やしと回復を遠ざけ、自らのうちに閉塞状況を生み出しているように思います。

《最後に》

阪神淡路大震災後しばらくして、私は復興支援の働きのために心身ともに疲れ果ててしまいました。ある日、復興状況の調査のために訪れた教会の玄関の前で倒れ込んだ私の目に、教会の看板に記されていた「すべて疲れた人、重荷を負っている人はわたしのもとに来なさい。わたしがあなたがたを休ませてあげます」（マタイ一一・二八）とのイエス・キリストの言葉が目に入りました。思わず「疲れました」と言いました。そのときから、私の新しい人生が始まったのかもしれません。私は、疲れている者だからこそ主のもとに招かれている、重荷を負っている者だけが主の安息を経験できることに気がつきました。私は、自分が「疲れている」ことを隠す必要がなくなったのです。イエス・キリストは私たちに苦しみからの自由だけではなく、苦しみへの自由を与えるのです。

ナウエンが言うように、私たちは、自分たちの痛み、罪、苦しみという経験を思い起こして、繰り返し語ることが大切ではないでしょうか。わからないこと、答えの見いだせないことを、そのまま語り合うことができるのは、神を信じているからです。私たちの苦しみを消し去るかたちで外側の働きを求めるのではなく、苦しみの中にとどまり、より大きな神の歴史の中に私たちの人生を位置付けていくことが求められているように思います。苦しみを主からの賜物として受けることをとおして、私たちに委ねられている福音がさらに豊かなものとして受けとめられ、日本における宣教の働きが力強いものとなることを信じています。

支援の現場から宣教を考える——熊本地震の経験から

NPO法人 九州キリスト災害支援センター熊本ベース　ディレクター
諸藤栄一

「あなたは、私の涙を一滴残さず、びんにすくい集めてくださいました。その一滴一滴は、余すところなく、あなたの文書に記録されています。……私にわかっているのは、ただこの一事、神が味方だ、ということだけです。」
（詩篇五六・八～九、リビングバイブル）

熊本地震の経験から何を語ることができるでしょうか。

私というひとりの者が何をお伝えすることができるでしょうか。

それは、神は確かに私の味方だということでした。

本書に入る前にあらかじめご理解していただきたいことは、熊本地震で起こった出来事、ボランティアでの働きや言動すべてに、「正解」という言葉が当てはまるものではないということです。

ここに書き記すことで、いつか、どこかで何かのお役に立つことがあればと願いながら記させていただきます。この働きに関わられたすべての方々に神さまの祝福が豊かにありますように。心から感謝を込めて。

Ⅰ　熊本地震の経験から

①災害を通して教団教派の垣根を越えた「キリストさん」としての働き
〈被災者から見える九州キリスト災害支援センターはすべて「キリストさん」〉


二〇一六年の夏、当時、毎日五十人近くのボランティアの方々が入れ替わり立ち代わりに来熊《らいゆう》し、現場リーダーやスタッフでさえも、一人一人のボランティアの方の名前を覚えられないほどの人数で、依頼された現場で仕えている時でした。当時現場リーダーを担当していた私は、益城町の方から解体前の片付け作業の依頼があり、下見をした結果三日ほどかかる現場へ向かうことになりました。

一日目は韓国チームと一緒に約十人のメンバーと一緒に灼熱の暑さの中、作業に当たりました。依頼されたその家の方にとっては初めて会うボランティアさんたち。しかも韓国人。初日でしたので少し緊張もあったのか中々、私たちとの会話はありませんでした。それでも韓国チームは、温かい微笑と住民の方に対する愛を示してくださいました。

二日目は、前日の韓国チーム数名と熊本県外の日本人のボランティア数名と同じ現場に行きました。そして三日目。この日はすべて日本人でボランティア作業を行い、無事に片付け作業を終えることができました。三日目になると、依頼者であるお母さんが冷たい飲み物を出してくださり、お昼ご飯も一緒に食べてくださいました。

ご飯を食べながら、地震当時のこと、避難所で苦労したことや、今の気持ちなども正直に語ってくださいました。その後に、依頼者の方のほうから、「あんたたちはどこから来たとね？」と私たちに興味をもってくださいました。こちらも嬉しくて、それぞれいろんな場所から来たことを伝えると、「この前は韓国から来たキリストさんも、ようしてくれらした（良くしてくれました）。どこのキリストさんもようしてくれらした。」

このことから私たちが理解することは何でしょうか。

被災者の方から見える九キ災はすべて「キリストさん」でした。よくよく考えれば、当たり前に答えが出るはずです。それは、だれもが同じビブスを着て作業をしていたからです。私たちは活動前にボランティア、スタッフ一同、共に集まり、最初に神さまの素晴らしさを賛美し、御言葉で心を整え、共に祈り、そしてそれぞれの現場に出ていく。そのような毎日でした。

だれもが「キリスト」の名を帯びて遣わされた所へ出ていく、ということに対して大きな気づきが与えられました。それは、たとえば、これまで私が何をしたのか、どのような経歴であるのか、これまでの経験、実績がどのようなものであったか、にかかっていないということです。確かに「経験はものをいう」というのは、ある意味事実だと思います。でも被災した方にとって、目の前の必要に対して、手を差し伸べてくれるその人個人だけにではなく、私たちがまとうキリストの名に目が向けられていることに気づいたのです。

三日間のボランティアをさせてもらった家の方が言った言葉は、まさにそうでした。毎日違ったボランティアの方が作業をして、国もさまざま、地域もさまざまでした。

最終的に、その方の心に残ったのは何でしょうか。

それは「キリストさん」という名前だけでした。

それから現場へ行くたびに、「キリストさん」と呼ばれる機会も増えていきました。同時に、被災地の方々がこんなに「キリストさん」と親しく呼んでくださっていることにとても驚きました。団体名を名乗るときに「キリストさん」で通じる。それは、神を信じ、この働きに従事する者として、これ以上ない喜びでもありました。

もう一つの気づきは、神さまがこの場所で望んでおられることは、何をするか、どう働きを進めるか以上に、キリストの名を帯びてそこに「存在すること」だということです。私たちは神の息子、娘、キリストにある自由を持つ特権が与えられています。そして罪赦された者であり、何より無条件に愛されている者として存在しています。

これは私たちの経歴、実績や努力では決して得ることができない、キリストの一方的な愛と恵みによるものです。私たちはそのキリストを着ることにより、キリストが私たちに対して表してくださった変わらない愛が私たちを通して流れていくのだと思います。

私自身、災害支援に生かせる経験があったわけでもなく、ただ私にあるものは、私という存在だけでした。でも、神さまはそんな私をこの働きのために用いてくださいました。

〈教団・教派を超えてキリストにあってひとつ〉

私は二年間の災害支援の歩みを通して、隣人となって寄り添う「キリスト」の愛の大切さと毎日感じていました。いろんな地域の教会からボランティアに来てくださいましたが、いろんな教団、教派があることも知りました。それぞれに大切にしている考え方のあるクリスチャンに出会うこともできました。九キ災の支援活動は険しい道を模索しながら、少しずつでも着実に進んでいっているように感じました。

私は被災地支援の中で、キリスト教界の支援に対するコミットは凄まじいものがあるなと感じています。被災地への祈り、経済的支援、実際的な支援（物資、人材の派遣）、表現が正しいかはわかりませんが、ものすごいスピードでしかも大波が寄せては返すように目まぐるしく動いていました。

「ちょうど、からだが一つでも、多くの部分があり、からだの部分が多くても、一つのからだであるように、キリストもそれと同様です。私たちはみな、ユダヤ人もギリシア人も、奴隷も自由人も、一つの御霊によってバプテスマを受けて、一つのからだとなりました。そして、みな一つの御霊を飲んだのです。……

一つの部分が苦しめば、すべての部分がともに苦しみ、一つの部分が尊ばれれば、すべての部分がともに喜ぶのです。あなたがたはキリストのからだであって、一人ひとりはその部分です。」

（Ⅰコリント一二・一二～一三、二六～二七）

体があるから器官が存在できる、器官が存在しているので体が機能することができる。御言葉にあるように、互いが互いの器官として役割を理解し、一部が苦しめば、すべての部分が苦しみ、一部が尊ばれれば、すべてが喜ぶ、文字どおりのことが被災した熊本の地でなされていました。被災した教会は数十教会にも及び、九キ災だけではすべてをサポートすることはできませんでした。それでも初動の時から、九キ災の理事の先生方が一軒一軒教会を回り、被災状況や必要がないかを聞いてくださいました。

そこには今まで関わりのあった一部の教団の教会だけではなく、これまで関わりをもったことがない教会にも訪問して、できるかぎり教会を助けたいという願いがありました。

その痛みと苦しみを多くの教会が共感してくださり、自分の痛みとして寄り添ってくださいました。活動拠点となった熊本ベースでは福音派もペンテコステ派も教団も関係なく一緒に祈り、現場に繰り出し、食事をし、喜びを分かち合う、こんな素晴らしい光景を見ることができたのは神さまの祝福としか言いようがありませんでした。

被災地への支援がなされている一方で、神さまは傷ついた被災地でキリストの体なる教会をもう一度回復し、建て上げようとしておられるのではないかと感じずにはいられません。

〈継続的な支援を通して「キリストさんは良いよ」と噂が広がる〉

二〇一八年五月末現在、九キ災の支援活動として熊本県内で千五百件以上のボランティア活動をすることができました。それは、これまで一万人を超えるボランティアの方々が来てくださり、全国・世界中のクリスチャンから捧げられた祈り、経済的・物質的な支援があってこそだと思います。

この二年間にわたる働きを通して、「キリストさんは良いらしいよ」という噂が熊本の各地を巡っていきました。

　私たちが活動の中でとても大切にしていたのは、支援活動だけではなく、それより先にキリストの愛を表すことでした。もちろん、作業を通してキリストの愛を表すことでもありますが、私たちの心の部分をいつも大切にしたかったのです。私たちが被災地において優先したのは、聖書のことばを直接伝えるのではなく、まず笑顔を表すこと。救いを示すのではなく、まず痛みに寄り添うこと。毎日毎日、キリストの愛が熊本の地で表されるように。その愛の実践が被災地を何重にもなって各地を巡りました。

　シンガポールにあるNGO法人タッチインターナショナル代表であるユージン氏も熊本に活動に来てくださる中でこのように言ってくださいました。

「キリストの愛を最大限に表す方法は〝親切〟にすることです」と、二十五年間シンガポールで続けられているキリストの愛が〝親切〟という言葉で表現されていました。

　親切の言葉を語源由来辞典で調べると、「親」＝親しい、身近に接するという意味になります。「切」＝刃物を直に当てるように身近である、行き届くという意味になります。

　イエスさまが三年間の伝道活動において一般的に嫌われている人、弱い立場にある方々に対して行ったのは、〝親切〟でした。生まれつき目の見えない人、サマリアの女との出会い、ザアカイとの出会い、姦淫の罪に定められた女、聖書に出てくる人物すべては何かの問題を抱えて生活を送っていました。イエスさまはそのような方々と偶然ではなく、必然として出会ってくださいました。なぜ出会われたのでしょうか。その人を通して神のわざが現れるためです。

　体験した本人やそれを見た群衆や人々が噂として町や地域を影響しました。

私たちは、災害という痛みを通して、日常の中では見ることのできなかった人々の必要を目の当たりにしました。そして、キリストの噂が噂を呼んだように、キリストさんという噂が熊本を影響しました。千五百件以上の被災した方々への働きは、一軒の家の片付け作業から始まりました。痛み苦しみに対する小さな〝親切〟から始まったのです。これは偶然の出会いから始まったのではなく、神さまのご計画のうちに必然であったとしか言えない、そして九キ災の歩みはその連続でした。

②被災者に対するキリストの愛と従順

私が南阿蘇で支援をする中で、一人の支援した住民の方にこのように言われました。

「キリストさんはちょっと変わっとるばってん、良い人やね。」

キリストさんはちょっと変わっているみたいです。

私は、震災の経験から一学んだことがあります。

クリスチャンとして、キリストの愛と従順のゆえにキリストに似た者へと日々新しく造り変えられていきます。最高の特権にあずかっているわけですが、まだキリストを知らない方々へ何か伝えなければならないとか、しなければならないというプレッシャーをどこか義務化していたように感じました。私はそのような者でした。

その中で、私は素晴らしいものを発見したのです。それは「普通の人でいい」ということでした。日本ではクリスチャン人口が一％ほどといわれていますが、九九％はノンクリスチャンであり、毎日その方々と接しているわけです。常に、ごく普通な会話ができなければ人々と関わることも、会話することもできません。相手のことを知るために、自分のことを知ってもらうために、「普通の人」でいることはとても必要であると感じています。

イエス・キリストも神の子でありながら、三十年間はヨセフの子であり、大工の息子と見られていました。イエス・キリストこそ、救い主であることを体現できたはずなのにそれをされなかった、あえてなさらなかった。私は災害支援を通して、キリストが伝道活動をする前の三十年間のプロセスの重要性について気づかされています。神の子であるのに人と同じように赤子として誕生し、同じものを食べ、人と同じように感情をもち、人と同じ生活を過ごし、そして神にも人にも愛されたイエス・キリスト。だれからも普通の大工の息子と思われていたキリスト。私たちはもう少し「しなければならない症候群」から目を外して、キリストを通して与えられる神の愛の中で「普通の人」として安心感を得たいと思います。それは「普通の人＝私」という存在です。

九キ災の中で多くのクリスチャンがボランティア活動している姿にとても励まされます。そして、被災した住民の方々と毎日関わる中で、人々の心が開かれていくのを目の当たりにしました。何気ない会話を話して、冗談を言って笑って、共通の趣味に話が弾んで休憩が少し長くなって活動が少ししかできなかったこともありました。

キリストに出会い、キリストが与える素晴らしい約束と祝福を味わっていただきたいと、心から願い毎日祈っています。この希望は何にも比べることはできません。

ただ、目の前で光を奪われてしまった方々や、まだ受け取る準備ができていない方々に対して御言葉を振りかざすのではなく、普通の「私」という存在のまま、その人の必要に寄り添うことで、神さまの時に、その人の人生を照らす光として彼らがいつか御言葉を受け取り、主に出会う日が来ることを私は信じています。

Ⅱ　支援のジレンマの中で生み出される宣教の青写真

地震当初から、熊本の被災地した地域では被災者が別のだれかを支援することはなかなか難しいことでした。特に緊急支援、災害支援の中では倒壊したお宅の片付けなど力と体力を要する作業で、しかも、被災した方が、倒壊したお宅を見ることほどつらいものはありません。被災して生活環境も大きく変化を余儀なくされている中で、不安や問題があってもだれにも打ち明けられない毎日。気持ちも心にも余裕がない中でだれかをサポートするなんてできないのは当たり前です。それは普通の反応です。

多くの被災した地域教会も同じような状況でした。そのような中でも支援に携わらなければいけない環境にある教会、先生がおられたことも事実です。

頭ではわかっていても……実際、心がついていけない、壊れてしまうからいけないという方もいました。二年経っても「地震」や「支援」という言葉を聞きたくない方もいました。その方々に対して、どのような言葉をかけることができるでしょうか?

理解して、受けとめることしかできませんでした。

そのような中で、被災地外から来られたボランティアの存在と働きは、どれだけの人々や地域教会にとって希望となったでしょうか。

ジレンマといえるこの季節を通るときに心は揺さぶられ、できない自分に苛立ちまた落ち込んでしまいます。でもその中で、自分を知ることになります。

それは自分の限界を知るということです。やりたいのにやれない。心がついていけない。


「神は　われらの避け所　また力。

苦しむとき　そこにある強き助け。」

（詩篇四六・一）


人生の苦しみの中でしか見いだせない神さまの助けがあることを体験するときに、二つ領域があります。「私が働く領域」と「神さまの働く領域」。己の限界を知って初めて私ができる領域を知ることになります。と同時に、限界より先の神さまの領域を知ることにもつながるのです。その二つの領域を理解して、私に委ねられた働きをする中で、神さまが与えてくださった賜物を十二分に発揮することもできます。

「できない」ということの大切さ

私たちは災害支援の働きの中でいろんなニーズがありました。教会の働きの中でもそうだと思いますが、人と関わっている以上いろんな必要があり、内容はさまざまです。

その時、その時で神さまの助け、知恵と導きがあり働きも祝福されました。

人材、スキル、資源、時間、いろんな要素を満たしていれば、何でもできるように思ってしまうことがあります。その必要すべてには私たちが応えられないのに「できない」と言うことができない、ということはないでしょうか。先ほどの二つの領域を知らなければ、神さまに頼ること、だれかに助けを求めることもできません。そして、自分にはできないということもできません。

これはただ無責任にやりたくないというものではなく、自分に委ねられた責任を十分に果たすために、自分の限界を知らなければ、いつの間にか自分の限界以上のものを背負って疲れてしまい、燃え尽きてしまうこともあります。神さまが働く領域を自分でやってしまうことで違う結果が出てしまうこともあります。できないということを、勇気をもって言える者になりたいです。

Ⅲ　隣人となるための既存の地域教会の絶対的必要

「私の隣人とはだれか」（良きサマリア人のたとえ）（ルカ一〇・二五〜三七）

熊本地震を通して、神さまが九キ災に委ねてくださった働きを通してこれまで入ることのできない地域やコミュニティグループ、そして魂とのつながることができました。神さまはこの機会を用いようとしてくださっていると強く感じますが、九キ災という団体は災害支援を主としたＮＰＯ法人であり、支援活動自体はいつか働きを終える時が来ます。

神さまは九キ災よりも、すでにこの時のために素晴らしいものを用意してくださっています。それは地域教会という存在です。ここには「地域」という言葉がありますが、地域の言葉や習慣、特性、そこにしかないものまたは、そのエリアでしか通じないものがあります。

神さまはあらかじめ、そこのエリアにしかないもののために置いてくださっている地域のための教会を用いてくださると私は信じます。教会はキリストの体としての共同体であり、一人一人が教会です。すでに地域に根ざした私たち（教会）が今、開かれた機会をとらえ、必要のある魂の隣人となるためにどのようなプロセスで仕えて（つながって）いけばいいのでしょうか。

① 地域に仕えることは宣教の始まり

支援と宣教についてこれまでいろんな意見が出されてきたと思います。これについて熊本地震の中での経験からお話をさせていただきます。地域とのつながる場所は、家庭や会社や学校や趣味クラブなどいろいろなジャンルのコミュニティグループが多種多様でかつ多世代で形成されています。人はそこで共通なものを共有できる人と出会ったときに共感し、「その人のことをもっと知りたい。もっと一緒にいたい」と思うようになります。そこで初めて〝つながり〟ができるようになります。益城町のある方は災害支援でつながった方で、その人の人脈から多くの被災した方のサポートもすることができました。その方と一年以上いろんな所で関わる機会がある中で、あるときに「私はお花が大好きで、震災のときにお花を見るといつも元気が出ます。だから大好きなお花を一年中咲かせて益城町が元気になっていることを世界中に発信したい！」と目を輝かせて言っておられました。そして、その方と一緒に近所の畑にひまわりを植えることになりました。

その時期に地域教会からボランティアで来た、お花に詳しい方がいました。九キ災はその方々をつなぎ、これまで種植えや、間引き、草抜き、一緒に作業をすることができました。その時間を一緒に過ごす中において、今まで聞かれなかった心にあった思いを語ってくださいました。「一緒にキリストさんたちと畑をするまでは自分が死んでいるようだった、何も目的を見いだせなかった。ありがとう。」今日では、一人のクリスチャンのつながりから地域教会の有志を募って各月でつながり続けていくことができています。

その方の本音を聞くまでに一年以上の時間とつながるきっかけが必要でした。そして、今ではその交わりの中で自然な形で、時に賛美がなされ、祈りがなされるようになったのです。実はこれは、九キ災にはできない、地域教会にしかできない働きなのです。九キ災はＮＰＯの災害支援団体であり、伝道活動には制限があります。だからこそ、地域教会の働き、力が必要なのです。

地域に仕えること、またつながりを続けていくことは宣教の始まりであると思います。つながり続けていく中で、その人のことをより深く知ることができ、関係も深まっていく中で聞こえてくる心のニーズがあります。そのために長く関わり続けることができる地域教会の絶対的必要性があるのです。そして、そこからまた新たな地域教会が生み出されていく必要があると思います。

② 地域に仕えることは被災者の心を耕し、良い土を作ること

畑に花の種を植える前に、耕運機で畑を耕したいとのことで、お手伝いをしました。作業前にはかなりの雑草が生えている状態でした。九キ災のスタッフの方ができるということで耕運機を稼働させて畑一面が終わると、たくさんの雑草や根っこ、そして大きな石などが土の中から出てきていました。畑に不必要なものを全部取り出して綺麗な花を咲かせる準備をしていきました。

この光景を見たときに、キリストが話された種まきのたとえと共通点を見ているように感じました。土＝人の心の状態、雑草や大きな石＝問題や必要。

その人の心の中にあるものを知るためには関わり続けることが必要ですが、まるで耕運機で土を耕しているような働きではないでしょうか。つながりを通して祈りと忍耐をもって関わる中で見えてくる問題、

思いがけず生えてしまった雑草、固くなってしまった石など、その人の土壌の状態が少しずつ見えてくることがあります。そこに直接的な解決をもたらすのは私たちではなく神の御業です。私たちにできることは、関わりの中でキリストの素晴らしさを表しつつ、少しずつ水や健全な肥料を注ぐことではないでしょうか。そうすることで、その人の心の土壌が少しずつ柔らかくなり、福音の種を蒔く準備が整っていくのではないかと思います。

良きサマリア人のたとえを読んでもまさにこのことを現されているのではないでしょうか。地域教会には、この素晴らしい恵みにあずかる機会が与えられています！

③隣人となるリーダー、次世代を育成し派遣する

これから災害支援においても宣教が拡大していくためにも、働きの中で地域教会の絶対的必要性と隣人となるリーダー、そして次世代の育成がカギになると思います。これはキリストを通して神さまが与えるビジョンに基づき教会へ語られた使命でもあります。

生命から生命が生み出されるように、教会から教会を生み出すために、聖書がいう平安の子、草の根のリーダーという弟子を育てていく必要があります。そのリーダーから生まれる次の世代へと継承され、増え広がっていくことを熊本の地でも期待していきたいと思います。

九州北部豪雨災害支援活動を経て

九州キリスト災害支援センター 日田ベースディレクター
日本イエス・キリスト教団・日田福音キリスト教会　牧師
竹崎光則

九州北部豪雨で被害を受けられた住民の方々に、主の慰めと支えが届くようにと心から願い祈ります。愛の心をもってこの支援のために祈り、献げてくださった多くの皆さまに主の祝福をお祈りいたします。

豪雨災害は二〇一七年七月はじめに起こり、支援活動は夏の真っ盛りに行われました。炎天下の中、毎日スコップで家屋から泥をかき出し、土を掘り運び出します。遠路来てくださり、過酷な状況でボランティアをしてくださった方々に感謝してやみません。私も週に三日は、現場作業をするようにしていましたから、あの状況下でボランティアの方々が守られたことは、本当に主の支えだと実感します。朝九時前から現場での作業に入り、午後三時を目安に作業を終了します。熱中症対策としては、水分補給と強制休憩です。ボランティアさんは、愛に燃え、意気込んで作業に来られます。文字どおりのヒートアップになる可能性大です。作業内容によっては、十分ごとの休憩を入れる必要がありました。スタッフはボランティアさんだけではなく、被害家屋の家人にも目を配ります。早く復旧回復したいとの思いで、家人もオーバーワークになりやすいからです。声をかけ、共に休憩し、一緒に水分補給し、話を聞きました。あえてスタッフの一人は、家人と話をし、他の者たちで作業をするということもしました。

ベース活動が終了してしばらく経ったときのことです。元スタッフの一人にフェイスブックをとおして、その家の方から連絡がきました。安否を尋ねると、元気にしておられる様子。その際、家人が告げた言葉に元スタッフは驚きました。その方がある物を宝物として、大事にとっているというのです。それは、その方の家屋で泥出し作業をしているとき、休憩時にスタッフが渡したキンキンに冷やしたタオルでした。熱中症対策の一つとして、タオルをクーラーボックスで冷やし、ボランティアさんに渡しているものを、その人にも差し上げたのです。家は土に埋もれ、住めない状態、避難所生活。日中は炎天下の中、ボランティアさんと一緒に復旧作業。その方にとって、その日受け取った冷え冷えのタオルは、心に届く冷たさだったのです。何の変哲もない普通のタオルが宝物になりました。

「神は、どのような苦しみのときにも、私たちを慰めてくださいます。それで私たちも、自分たちが神から受ける慰めによって、あらゆる苦しみの中にある人たちを慰めることができます。」

（Ⅱコリント一・四）

１　九州北部豪雨災害概要

二〇一七年七月五日（水）、九州北部を襲った豪雨により甚大な被害がでました。日本には三大暴れ川と呼ばれた川があります。「坂東太郎（利根川）、筑紫二郎（筑後川）、四国三郎（吉野川）」です。その筑後川上流に注ぐ北側支流域に豪雨が降りました。福岡県朝倉市黒川では、九時間七七九ミリを観測しています。暴れ川といわれるぐらいですから、昔から雨が多く、水が豊富な地域だったのでしょう。さらに、大きな川があるとそれを利用して材木を運搬できます。今でも筑後川上流地域は林業が盛んな土地です。その山々に大量の雨が短時間に降りました。雨を吸いきれなくなった山肌が崩れ、土砂と木々が谷間の集落を襲っていきます。さらに、支流下流域の街場では、河川に土砂が埋もり、行き場をなくした土砂流木が街の広範囲に広がる被害となりました。水が引いた後の街は、流木と土砂で埋め尽くされていました。特に福岡県東峰村、朝倉市、日田市小野地区、大鶴地区に大きな被害がでたのです。

２　日田ベース

〈ベース開設〉

九州キリスト災害支援センターでは、豪雨後すぐ中村陽志副理事（当時はＮＰＯ法人化前につき四役）と熊本ベーススタッフにより現地調査を行い、支援の必要を感じました。災害地に最も近い中堅都市久留米の吉田一誠牧師協力のもと、久留米ベテルキリスト教会に情報基地を置き、具体的活動のために情報収集を行い始めます。地域教会の協力が必須と考え、翌週十日（月）に、同教会を会場に地域教会の諸先生方に集まっていただき、支援活動に向かっての会合を行いました。その席で、ベース設置招聘のため手を挙げたのが、日田福音キリスト教会牧師の私でした。それはあくまでも、災害中心地に近い日田にベースを置くことを願い出たにすぎません。ところが、神さまはとんでもないスピードで事を進められたのです。

翌日、横田法路理事長（当時四役代表）と共に被災地視察をし、日田でのベース設置の必要性を実感し、物件探しを始めることになりました。かけた一本目の電話で物件が与えられます。さらに業務用冷蔵庫はじめ家財道具多数も、家主であるリフォーム業を営む教会員が貸してくださることになりました。さらに作業車両を置くための駐車場もボランティアさん用の駐車場も与えてくださいました。支援活動に必要なものはすべて神さまが備えて与えてくださったのです。しかも驚くべき速さで。日田ベースは、支援作業地から車で二十分、ボランティアさんへ無料開放した温泉が近くにある、ベストとも思える場所に開設されます。

〈ベースディレクター〉

神さまのすさまじいお膳立てを見せられたとき、日田ベースディレクターの依頼を断ることはできませんでした。「できないと思うおまえがやりなさい」との主の励ましが響きます。御言葉をとおしても示されました。先の御言葉は、豪雨災害後直近の聖日に与えられたものです。〝苦しみ〟の言葉は、直接的には信仰にある患難を示しています。しかし、今回の被害に接するとき、その言葉をもっと大きな意味で受けとめさせられました。「私たちも、自分たちが神から受ける慰めによって、あらゆる苦しみの中にある人たちを慰めることができます。」小さな私たちであっても、とんでもない被害の大きさと人々の痛みであっても、「慰めることができます」と背中を押されたのです。

熊本地震のような大規模地震に比べ、豪雨災害や水害は、毎年全国どこの地域でも起こり得ます。しかもその頻度は年々高くなっています。どの街に支援のベースが築かれても、牧師ならばだれでもディレクターの働きを行えるのだと示すために、特殊技能も経験もない普通の私が指定されたのだと考えます。ですから、ディレクターを受ける決意と同時に三つの方針が浮かびました。「短期三か月支援」「できることをする」「できないことは任せる」です。だれでもできるディレクターモデルとしての方針です。

災害支援活動の役割を振られたとき、牧師として尻込みする大きな理由は、その働きが「いつまで続くのか」がわからないことです。水害という特性から「緊急支援活動」のベースとして特化し、三か月というゴールを設定することを四役にお伝えしました。実際、山間奥地や農地を除き、主だった住宅地の土砂出し作業は、街全体として約三か月で完了していきました。第二の尻込みは、ディレクターとしての経験のない自分に何ができるかという思いです。だから、できないことは任せて、できることをすると決めました。主なる神さまは、すべてにおいて備えをしてくださいます。有能な常駐スタッフを送ってくださったのです。

〈ベーススタッフ〉

熊本ベースから戸田潤さんと仁美さんご夫妻が来てくれました。彼らは東日本大震災、熊本地震で支援活動をしてこられ、ベース運営も熟知していました。重要な決裁と責任はディレクターがとりますが、現場作業やボランテンティアコーディネートなど実務はすべて彼らに任せることができました。彼らがいなければ日田ベースが成り立たなかったことでしょう。

加えて、日本国際飢餓対策機構から伊東綾さんが、ＯＢＪ（オペレーション・ブレッシング・ジャパン）から弓削恵則さんが在駐スタッフとして加勢してくださいました。さらに、二〜三か月にわたる長期ボランティアメンバーがベース当初から参加してくださり、現場での安定した作業や住民さんとの安心できるコミュニケーションを取ってくださったことは、大きな助けでした。

ボランティア参加者が少ない当初、私たちスタッフは、毎晩のように日田ベースに来るまでの物語を証しし合いました。神さまのなさる不思議と、一人一人を神さまが愛しておられることを思わされる毎夜でした。

3　支援活動における宣教

・支援活動期間………七月中旬より九月末まで
・ボランティア参加者…韓国、中国、香港、台湾、米国などの海外をはじめ国内各地より、のべ九百名を超える方々が参加してくださった。

〈**活動現場**〉
神さまは、愛の働きを行うため、物も人もお送りくださいました。それだけではありません。作業する場所さえも備えてくださいました。日田ベースとして順番に三つ地区で活動することになりました。そのすべてにおいて自治会長さんなどの地域リーダーがおられ、作業家屋を割り振ってくれたのです。

何のツテもなかった私たちがその三つ地区で活動できたのは、不思議な神さまの導きによります。朝倉市の牧師の紹介で、杷木のある区長さんにつながり、その区長さんが私たちの互いへのいたわりと一致の姿を見て、二番目の地区の区長さんを紹介してくださいました。二つ目の地区での作業をしている最中、少し離れた地区に住む女性の方が来られ、一緒に作業することを申し出られました。数日共に作業をしていると、彼女は知人の集落がひどい状態なので、ぜひ手助けしてほしいとの声を出されました。その山間部の集落が日田ベース三つ目の現場となります。

〈**土壌づくりの宣教**〉

九キ災は現場においてキリストの愛を表すことに特化し、福音の種まきに備えた土壌作りの働きです。現場で祈るときも住民の方がいないところ、目立たないところで祈っていました。しかし、その日の現場は心をえぐられるような被害の場所で、おまけに隠れるところもありません。そこで、家人に了承を得て、十名ほどの輪になって祈りました。「神さまどうかこの地を癒やしてください。愛するふるさとがこのような姿になり、心痛めている住民の方々にあなたの慰めが与えられますように。」　心をしぼるように祈りました。

祈りを終え、目を開けると、共に作業をした住民の方が祈りの輪を外れ、背を向けて立っておられました。祈りとなると、宗教的で、キリスト教的なことが嫌だったのかなと思い、「どうされましたか」と声をかけました。振り返った彼の目から涙がポロポロこぼれ落ちています。「あんたたちが泣かせるから」と彼は言いました。

私たち九キ災の現場における働きは、直接伝道をしません。しかし、信仰に立っています。祈り深くありたいと願います。御言葉に励まされないと進めないと思っています。関わる住民の方々が救われますようにと、心より祈っています。

最後に日田ベースは約三か月の緊急支援活動に特化し、その分、続く宣教の働きを地域教会に関わっていただきたいと願い活動しました。作業最後のターンをＣＦＫ（久留米市五教会）の先生方が支援作業を引き継いでくださり、住民の方とコンタクトをとってくださいました。杷木の仮設住宅には甘木聖書バプテスト教会がコンサートなどで関わりをもってくださっていることを心から感謝いたします。

「支援の現場から宣教を考える」支援団体の立場から
――「ボランティアが遣わされていきますように」

一般社団法人クラッシュ・ジャパン　代表理事
永井敏夫

はじめに

クラッシュ・ジャパンは、ジョナサン・ウィルソンというひとりの宣教師が神さまからの思いを受け取り、歩み始めたときからスタートしました。ウィルソン宣教師は、国内外の災害時に被災地域に仲間たちと出かけ、被災された方々と関わってきました。二〇一一年三月十一日に発生した東日本大震災直後から、彼の呼びかけに応答する多くの宣教師、牧師、信徒の方々が東久留米市の松川プレイス（クリスチャン・アカデミー・イン・ジャパンに隣接）に駆けつけてきました。このようにして支援活動が始まっていきました。最初の数か月の間は、まさに飛び立とうとする飛行機の機体を組み立てながら、荷物を詰め込み、人々が乗り込んでいくような感がする怒涛のような日々でした。ボランティア活動をするために、国内外からさまざまな人々が集まってきました。七月に一般社団法人格を取得し理事会組織もでき、徐々にではありますが軌道に乗って活動できるようになりました。また日本福音同盟をはじめとする日本国内の団体、教団、教会、そして世界各国の団体、グループからの人的、財的な支援があり、さらには数多くの方々の祈りと献金により、現在に至るまで歩みが許されてきました。

クラッシュ・ジャパンのありよう

ところでクラッシュ・ジャパンのことを、英語ではCRASH Japanと記します。CRASHは以下のように五つの語の頭文字を合わせた言葉です。C＝Christian（クリスチャン）、R＝Relief（救援）、A＝Assistance（協力）、S＝Support（支援）、H＝Hope（希望）。

二〇一一年三月、東日本大震災直後の数か月は、とにかくR（救援＝復旧・復興支援）が前面に出され、他の文字よりも大きくなっていたといえます。被災地域の教会と意思疎通を続けながらの活動を願いながら、試行錯誤の判断や決断もありました。地域教会から必要とされるR（救援）、A（協力）、S（支援）の量、質などは変化していきます。ですから団体としても、CRASHという同じ名称を使用しつつも、中身には変容がありました。文字でいうとCRASHの間の三文字（R、A、S）の大きさ、形が変化しつつ動いてきたように思います。

けれども最初のC（クリスチャン）と最後のH（希望）は、いつも変わらずにあり続けました。まずC

（クリスチャンたち）から入り、時に応じてR（救援）、A（協力）、S（支援）が形を変えつつ有機的になされ、そしてH（希望）を届けていく、渡していくという営みといえるかもしれません。現地の声に耳を傾けつつ、団体としての存在の意味をいつも念頭に置いた歩みの振り返りがいかに大切であるかを、今までの七年間の歩みを通して感じています。

ケアとネットワーク

東日本大震災の発生後、私たちの団体は被災地で支援活動をする教会の助け手としてのボランティアを国内外から募集し、現地に派遣してきました。現地での活動のために、まず岩手県、宮城県にベースキャンプを置き、福島県には宮城県、茨城県から支援に入り、地元の教会と共に動いてきました。その後も、広島、伊豆大島での土砂災害、熊本地震、九州北部豪雨災害時には、地域の教会ネットワークに協力する形で動き、つながりを維持してきました。このような活動を継続してきた中で、私たちは現在、CとNという二つの文字に代表される領域に重きを置いて活動を展開しています。

初めのCはCare（ケア）です。二〇一一年以来、災害時の復旧・復興支援活動に従事するスタッフやボランティアたち、現地で活動をする教会員たち、そして被災された方々へのケアがさまざまな形態でなされてきました。熊本地震被災地の仮設住宅の方々との継続的なつながりもできています。さらには、次の災害時の人々のケアの必要に応える備えとして、この数年、他団体と協力して災害対応チャプレン研修会などに参画しています。

次のNはNetwork（ネットワーク）です。東日本大震災、熊本地震の際の支援活動のために地域の教会がネットワークを作って歩んでいます。私たちは、このようなネットワークミーティングに出席したり、教会訪問や説教支援などを通してつながりを継続しています。これに加え、主に首都圏や九州地区で誕生しつつある教会防災ネットワークをサポートしています。お互いの顔がわかり、また信頼関係のある中でさらに生きたネットワークが拡がっていくことを願っています。

上記のCとNは、奇しくもCRASH Japanの最初と最後の文字でもあります。ケアとネットワークを大切な領域として進めながら、次期災害発生時の初動態勢の在り方の準備を積み重ねつつ歩んでいます。

宣教を見るための窓

支援の現場から宣教を考えるにあたり、二〇一一年から今までの私の歩みを振り返る作業にもなることを願い、これから複数の窓から宣教を見ていきたいと思います。従来の「宣教」への見方にはひとつの方向があったように思います。その方向とは、福音を知る者がまだ知らない方に届けるというものです。伝える人がいて、それを聞く人がいるという関係です。未曾有ともいわれる東日本大震災そして、その後の自然災害を通し、教会は今までの宣教観をはじめとしたありようを揺り動かされています。主ご自身が日本の教会に促しを与えてくださっているのかもしれません。

お互いさま

日本では昔から「お互いさま」という言葉が使われています。災害が発生すると、地域の人々も教会の人々も同じように苦しみます。あるときは助けられ、またあるときは助ける姿です。ある意味では、地域の人々と教会の人々という言い方にさえ意味がなくなってしまいます。被災している方々と地域のキリスト者たちが同じつらさ、そして痛みを経験します。神さまから心を動かされた教会が支援する姿を通して、神さまの愛が被災された方々に見えるようになっていきます。「教会はクリスチャンのためだけであるのではなく、私たちのためにも存在している」と、地域の方々が気づき始めているといえるのかもしれません。

「お互いさま」は、互いに支える関係、支えられている関係を表します。お互いに神さまに愛されている間柄だということです。支援という形で神さまの愛が届けられる際に、届けながらも実際には被災された方々から神さまの愛をいただいている（受け取っている）のかもしれません。ボランティアたちは、作業の後に一日の振り返りの時を持ちます。活動ができたことへの喜び、思っていたようにはいかなかったつらさなどを分かち合い、祈り合います。その際に、数多くのボランティアたちからこぼれてくる思いは、神さまの愛を受け取る喜びでした。従来の福音を伝える、受け取るという関係さえ超えて、支援と受援が同時にかつ双方向になされているといえる気がします。

共有していくもの

人の痛みを共有するということは、その人と時間と空間を共有するということでもあります。教会の中と外という枠組みを超え、キリスト者が被災した方々と共に涙を流し、汗を流す。共に痛み、共に労する中で神の愛が双方に届いているのではないでしょうか。

福音を伝える速さは、福音が伝わる速さと同じとはかぎりません。福音を心で受けとめ、そして受け入れる時間の長さは、受け手に委ねられています。支援する教会の営みを通して、被災された方々が神さまの愛に直《じか》に触れ続けています。「宣教」とか「伝道」という言葉を超え、神さまの直接的介入がなされるという事例を見聞きします。被災された方々への寄り添う姿勢は、プレエバンジェリズムやポストエバンジェリズムという語をはるかに超越しているのではないでしょうか。

正直になること

ボランティアたちは、さまざまな思いで支援に出かけていきます。実際の活動の中では、自分の生《なま》の姿に気づかざるを得ません。自らに向き合うとき、私たちは素の自分になります。構えないでまっさらの自分に向き合うときに、神さまも向き合っていてくださいます。ボランティアたちの中には、これからの自らの歩みについて思索し祈る人たちもいます。ボランティアたちが互いにぶつかり合いながら、そして、さまざまなことに葛藤を覚えながらも歩んできました。こういう中で、神さまへの問いかけがなされていきます。イエス・キリストは、このときに当事者となっていてくださるのです。

クラッシュ・ジャパンのスタッフとなって本部で、そして被災地域で活動したほとんどの人は、長期で活動したボランティアたちでした。クラッシュ・ジャパンを離れ、現在神学校で学んでいる人、牧師としてみことばを伝えている人、被災地域に住みながら人々に仕えている人など、神さまに向き合い続けている仲間たちのことを見聞きすることは大きな励ましです。今まで活動した数千人のボランティアたちが、現在いる場所で神さまに信頼して、今与えられている仕事、ミニストリーに正直に歩めますようにと心から祈ります。

呼び集められたもの

被災者支援活動をしている教会もネットワークも支援団体もそして個人にも、主が声をかけてくださっています。支援活動に従事する際に忘れてはならない姿勢があります。それは、その地の人々のために主が呼び集めてくださった一人一人であるという意識をしっかり持つことです。教会同士で、また団体同士で、互いの欠けを補い合い、チームの一人として互いへの感謝の心をもって歩みたいものです。互いに競い合わず、何ができるかではなく、今この地域の活動の中で自分たちに神さまが望んでおられること、地域で求められていることをいつも問い続ける姿勢を忘れてはなりません。

クラッシュ・ジャパンの役割

クラッシュ・ジャパンの中心的な活動は、災害時に被災地で支援活動をする教会の助け手としてのボランティアを募集し派遣することです。この使命を果たすために以下のようなイメージを抱いています。たとえて言うならば、まず「ランナー」を募集し、育成する役割があると思います。ボランティアはある意味「ランナー」です。災害が発生した際に、それぞれの地域に走っていくキリスト者たちが起こされていくために、私たちは地域教会、支援活動をするさまざまな団体、諸ネットワーク等に協力したいと思います。これからの時代に日本のさまざまな場所を走っていくランナーたちが育成されていく方策の具体化ができれば素晴らしいでしょう。

また、ボランティアを派遣する仕組みをさらに考えていく必要があります。たとえば、電気や水が線や管から流れていくように、ボランティアたちは、被災された方々にキリストのいのちを届ける一人一人です。教会同士が互いに「つなぎ役」、「つながり役」となれたら素晴らしいでしょう。そのつながったところにボランティアを派遣するシステムを作っていけたらという思いがあります。地域でいろいろな形の活動がなされていくことは、神の国が拡がっていくことの見える化です。私たちは、点が線になり、やがて立体化されていくための「触媒」のような存在でありたいと願っています。

現在も、東日本大震災、そして熊本地震で被災された方々を覚え、祈りながら歩んでいる地域教会があります。それらの教会は互いにネットワークでつながり、助け合って地域で活動しています。災害が発生した三月十一日を、そして四月十六日を、地域の方々と共に（地域の一人として）重く受けとめながら歩んでいる地域の牧師方がいます。このような「共に喪に服す」、そして「共に前を見て希望を胸に再び歩みだす」営みは、教会の存在意味の大切なひとつではないでしょうか。私たちは、それぞれの地域教会のネットワークとこれからも共に祈り合う間柄でありたいと思います。このことは地域教会の防災ネットワークの活動の場面にも言えます。地域教会が互いに協力し合う関係を保ちながら、防災活動、減災活動が進んでいくことを促す存在でありたいと思います。

隣人のもとに

宣教は、主と共に出かけていくところから始まります。宣教師という言葉でなく、あえて宣教使という用語を使用している方もおられます。東日本大震災以降、宣証※という言葉も使用されています。従来のとらえでは、宣教師の「教」の文字にある「教える」モードがかなり重要視されてきていますが、派遣されるという意味もとても大切です。派遣されている者は、派遣しておられる神さまにまず従順を求められ、所属している教会に連なる兄姉たちにも説明責任があります。そういう意味では、ボランティアたちが派遣される前に教会で証しをし、祈って送り出されることはとても大切です。また、活動中も教会の兄姉たちに祈られ、活動終了後などの機会に、教会で証しをする機会も重要です。

災害が日本のどこで、いつ発生するかはわかりません。けれども、発生した際には、教会、ネットワークや支援活動をするさまざまな団体が動き始めるでしょう。そのとき、キリストにある希望を心に携えボランティアたちが教会から遣わされていくことでしょう。ボランティアたちが、「私を遣わしてくださる主が導いてくださったその人が私の隣人」と受けとめながら、これからも日本各地に送り出されていきますようにと祈ってやみません。そのために私たちも歩み続けたいと思います。

※「宣証」という言葉について、基督聖協団西仙台教会牧師中澤竜生牧師が次のような文を投稿くださいましたので、ここに紹介します。

「被災地で活動している時、悩みの中から湧いたひとつの言葉があります。それは『宣証』という言葉です。支援に来てくださる方々の中には、どうしても『伝えよう』、『教えよう』、『諭そう』とされる方が多くおられます。このようなクリスチャンと関わった人から、『なぜ、クリスチャンは上から目線なのか？』また『なぜ、私の人生を否定されるのか？』と私は言われました。

そのように必死に伝えなくとも、被災地での支援活動の場では、クリスチャンの活動への評価は高いものでした。けれども、『伝えよう』とするところから問題が発生しました。伝えた福音が受け取られないことが判明すると、即時に関係を遮断してしまったクリスチャンもおられました。『被災された方々との関係をいつまで続けるのですか?』と言われたこともあります。セールス的には(こう言うと、セールスをしている人にとって叱られるかもしれませんが)、ダメなら次と考えることは一つの方法であるかもしれません。しかし、今の私にはそのような『示し』はありません。

『宣証』という語は、教会内に向けての言葉ではなく、世の中に向けクリスチャンが生き方を通してキリストを証言するということを意味しています。またクリスチャンの生きた歩みを通し、世の人々に自答自問してもらい、私たちクリスチャンはいつでもこの人々に弁明できるように備えていることをも意味しています。これは『実践宣証会議』、『良き業・宣証共同体プロジェクト21』というグループにて取り組んでいます。」

(本稿は二〇一八年三月十日に開催された日本宣教フォーラムのパネルディスカッション用に作成したハンドアウト、及び当日の発表を基に、改めて加筆したものです。)

＊ケア

二〇一八年度末にクラッシュ・ジャパン内でスタッフの再編成がありました。ケア部門については、各スタッフがさまざま活動をする際に、ケアの姿勢を大切にしながら歩んでいくことになりました。

＊現在

二〇一八年は西日本豪雨、北海道胆振東部地震などが発生しました。地域教会同士が繋がり、また支援をする諸団体が協力してさまざまな具体的な活動がなされたことも付記したいと思います。さらに、支援諸団体有志の協力のもと「初動パッケージ」の作成及び紹介が進行中です。支援活動の多様化、大規模化、長期化が進んでいる現状では、このような動きも重要なポイントであると思います

＊追記

災害時に被災者支援のためにボランティアを派遣していくことは、今までの神学校の授業ではほとんど取り扱われてこなかったと思います。被災者支援ボランティア学とまでいかなくても、たとえば実践神学実習、宣教実習などの領域で、神学校と出身教会との合意のもとに神学生を被災者支援に派遣していく例が出てくるとよいのではないでしょうか。さらに、キリスト教界から長期ボランティアたちへの祈りと財政面のサポートシステムや基金のようなものへの気づきと具体化が生まれていきますようにと祈ります。

東日本大震災の経験から宣教を考える
――支援団体の立場から

特定非営利活動法人　ワールド・ビジョン・ジャパン
業務執行顧問
片山信彦

1　基調講演へのレスポンス

まずは、大友氏の基調講演と、事前にいただいた大友氏の資料から教えられたことをまとめてみたいと思います。

(1)「統合的宣教」の理解の必要について語られていますが、まったく同感でした。一九七四年のローザンヌ会議以来「キリスト者の社会的責任」と「伝道」の二つの働きの重要性が語られ始めました。しかし、日本の教会の、特に福音派の歴史を見ると、老人福祉の分野などを除いて、全体としては、この二つの働きにバランス良く取り組んできたとは言い難いものがあると感じていました。教会はやはり伝道するのが使命であるとされ、社会的な課題は二の次となり、社会的な働きに取り組むすべを模索できなかったのではないかと思います。

たとえば、「キリスト教主義の海外支援団体で直接伝道をしないのはおかしい」とか、「宣教師としての入国は制限されているが援助団体の職員としてなら入れる国は、伝道のために職員として入国すべきだ」といったような、伝道優先で支援活動は伝道の手段である、という認識に立った声を耳にしました。それは、支援と引き換えに伝道して回心を促すようで不誠実なやり方に思われます。また、支援活動そのものの質を低下させる可能性もあります。さらには、その国の法律を破って伝道することになりかねませんので団体への批判やキリスト教に対する誤解を招く危険性があります。今まで私はこのような宣教観に接して、失望感と悲しい思いを持っていました。（もちろん、現地でＮＧＯ職員が個人的に証しや伝道をすることを妨げるものではありません。）

そのような歴史を見るときに、社会的責任と霊的働きの両方に優劣を付けずに行うことに教会の使命がある、という大友氏の指摘に大いなる共感を覚えます。

⑵「家の教会」、「責任伝道圏」の意識、「教会間ネットワークの構築」に共通する意識は、「地域」ということを示唆していると思います。地域の実情に合わせ、地域に出て行き、地域のつながりを大切にする

ということ。教会が内向きで、閉じこもり、教会の中の人への配慮を行うだけでなく、目を地域に向けて、地域の必要にも応える努力をすることが実際的に求められていることを再確認しました。また、それは各教会が孤軍奮闘して、孤独な戦いをすることでは決してなし得ないことであり、教会間のネットワークや他の団体との連携の中で可能となって行くことだと思います。また、そのような取り組みが、聖書的であり、かつ宣教の実を見ることができるということを教えられます。

2 ワールド・ビジョン・ジャパン——国際協力NGOの立場から

(1)宣教理解の共有

キリスト教精神に立つ国際NGOとしては、教会間また教会と各団体との宣教観の共有が大切だと考えます。「統合的宣教」はワールド・ビジョン・ジャパンの基本的な考え方である「包括的・総合的な働き」(Holistic Ministry)という視点から共有できるものです。人を肉体的、社会的、霊的な存在ととらえて、それらの必要に応えて行くべきだと考えるのが包括的・総合的働きです。教会の働きも、霊的な面(伝道)だけでなく、肉体的、社会的な面においても取り組むべきだと考えます。決して、伝道が優先的なもので、その他の働きは伝道のための道具、助け、下ごしらえとは考えないのです。できるかぎり困っている方々に純粋に仕え、その方々の必要に応えるようにします。そして、相手がこちらの話を聞く準備ができた段階で、また、相手から聞かれた段階で、証しやメッセージを伝えることが始まるのではないでしょうか。

九キ災が作成したボランティアの方々へのお知らせの中に、以下の文書がありました。

「聞かれない限り、信仰の話をしないこと（トラクトの配布なども行わない）。あくまでも、行いと態度と思いやりの言葉で隣人愛を実践する活動に徹してください。人々がみ言葉を必要とされるようになったときにそれぞれの地域教会が用いられるよう祈り心を持って、今必要とされている働きを誠実に進めてください。」

（九キ災、ボランティアへの通知）

このような宣教論を教会内や支援団体内で共有することが大切であり、これが他の団体との協働の基礎となります。

(2)緊急人道支援という非日常での実際の働き

(i)外部者としての限界があることの認識を持つこと

支援団体としてまず肝に銘じなければならないのは、自分たちは外部者であるということです。災害等で現地に入り、活動するのは非日常的な状況です。そのような状況下で外から入って活動する、いわば外部者としての活動には限界があるという認識をもって支援の働きを進めます。その立ち位置を支援団体と地域で支援活動を行う方々で共有しておくことが大切だと思います。基本的には、支援団体は支援地域での活動には時間的な制限があります。海外での経験から教えられていることは、緊急（・復興）期の支援は通常三〜五年です。その中で、現地の方とは同じになれない寂しさと限界を感じることがあります。しかし、大切なのは現地の方々の思いや状況、やり方をよく踏まえて、それを阻害しないように寄り添う姿勢です。「自分がやっている」という思いにならないことを肝に銘じています。あくまでも地元が主役なのです。

(ii)外部者だからこそできること

一方、外部者であるがゆえにできることもあります。被災地の当事者は支援活動の真っただ中にいて見えにくい事柄もあるからです。被災地だけでなく周りの状況、外部の視点を持つことで支援活動が広がり、他の団体との連携・協力の可能性が広がることもあります。刻々と変わる支援の必要に対して、必死、かつ精いっぱい行っている支援活動が本当に必要で有効なことかは、少し離れた外部の視点で見ると見えてくることもあるのです。また、国や自治体、企業などの支援政策の情報収集や連携構築などは、広く活動している支援団体が行いやすいこともあります。外部者である支援団体が地元の他のNPOとつなげる、あるいは行政とつなぐなどして、連携した活動を行い支援活動の効果を高めた例もあります。

(iii)NGOとしての専門性と経験

ⓐ支援団体は、多くの場合、過去の経験から支援の働きがどのように変化していくかを予測し、そのための支援計画を策定し、実施することができます。また、今何が必要で、次にどのような物が必要になってくるか、どのような点に注意する必要があるかなどの先見性もあります。もちろん、すべてが計画どおりに進むわけではなく、状況の変化に対応できないことも多々起こりますし、対応能力が不足することも

しばしばです。完璧に行うことはできませんが、先見性と計画性を持っています。

ⓑ海外での緊急人道支援活動の経験の蓄積から、支援団体はそれぞれの得意分野での専門性を持っています。たとえば、ワールド・ビジョン・ジャパンでは、子どもへの支援の分野が得意です。東日本大震災や熊本地震のときは、災害時に子どもたちが心身共に守られて、安心して過ごせる場所としての「チャイルド・フレンドリー・スペース」を設置しました。また、行政と連携しての学校給食の支援、教材の提供などを行いました。さらには、不安定になっている子どもにどのように接したらよいかの研修である「子どものための心理的応急措置」研修を実施しました。特に幼稚園や保育園の先生、教会学校の教師、ＹＭＣＡ職員など、子どもと接することの多い方々にとって大切な学びの時となりました。

ⓒ緊急時には資金や物資、人などが大量に動くこととなり、その資金の使い道や送った支援物資が必要なところに届いたかなどの記録を残すことが大切です。それが支援者への説明責任を果たすことにもなります。そのためには資金や情報をしっかり管理することが大切です。しかし、通常、現場では目の前の必要に応えることで精いっぱいとなり、説明責任を果たすことがおろそかになりやすいものです。資金管理や活動の記録保管、定期的な報告の大切さなど、支援者や周りの人からの信頼を確保するための事務処理を行います。

ⅳ働きの効果・効率の確保

支援活動の結果、どのような成果があったのか、その支援活動は意味があったことなのか、しっかり効果を出せたのかを知ることは重要です。とはいえ、それをどのように計るのかは簡単ではありません。少なくともどの程度の支援活動を行えたかの定量的な評価を行うことはできます。だれに対してどのような支援活動を行い、支援を受けた方はどのような裨益を受けたのか。何人の方に支援活動が届いたのか、活動は予定どおり行えたのか、その過程で無駄がなかったのかを評価することも重要です。定性的な評価は、裨益者の方々にインタビューを行うことが通常です。また、第三者からの評価を受けるなどして支援の成果や効果を計ることも大切で、それが今後の活動への備えとなります。

このように、支援団体の限界と可能性を認識し、専門性と経験を生かして支援活動に徹するときに、キリストの愛の証しが広がって行くのだと確信しています。

3　協働の基盤と可能性

支援活動の主体者である地元の教会やＮＰＯ団体などが互いの強みと限界を相互に理解し、協働できる範囲を確認しながら、共に支援活動を行うときに有効な活動となります。その場合、まずは霊と肉、伝道と社会的責任、教会とこの世、という二元論的理解ではなく、伝道も社会的責任も教会の使命であるという統合的・包括的な理解を持つことが協働の基盤となります。

これは災害支援という非日常的な状況下だけでなく、日常的な教会活動の中でも必要な神学的な理解です。たとえば、私の所属する教会では子ども食堂に協力していますが、その活動を行う中でいろいろな議論がありました。それは、根本的には教会はだれのためのものか？という問いでもありました。教会はキリストの身体であり、神の家族ではある、が、それはすべての人に開かれたものである。キリストがすべての人を愛したように、教会もあらゆる人を愛し受け入れる所である。しかし、現実は、クリスチャンのための安らぎと慰めの交わりの場になっていないか。クリスチャンにとっての居心地の良い教会、自分たちが気持ちよく礼拝をして、気持ちよく過ごせることに重点を置きすぎてはいないか？という反省です。教会はクリスチャンの養われる場、教会はクリスチャンのための場、という理解と文化が占めているのではないか。

また、教会は伝道が使命であり、この世を「宣教」する対象としてしか見ていないのではないか。むしろ、教会外の人々に寄り添い、罪を断罪するのではなく痛みを担い、共にある者という発想が大切ではないか。「人々の必要に敏感であれ！」ということを示されました。私たちの地域の課題に子どもの問題があり、それに教会としてどのように取り組むべきなのか、という問いの中で、一つの取り組みとして子ども食堂を始めることになりました。

教会が地域に目を向け、外に働きかけるとき、大変ではありますが教会の成長と宣教が進むように思えます。具体的には、地域の中に教会があり、受け入れられていることが重要で、たとえば、行政、地域住民、町内会、学校等と普段から接触しておくことが重要ではないでしょうか。緊急期の支援は応急措置であり、普段から良いコミュニティー作りのために教会が地域と共に歩んでいると、いざというとき、地域からの評価が変わってくるのではないかと思います。

外部者としての各種団体は、教会が地域に貢献することへの応援団として手助けをするのがその使命であると思います。具体的には、外部者として教会の地域への働きへの物資的・経済的支援を行う。（一般の方からの寄付は教会自体への支援はできない場合がありますが）専門的な分野での支援として子ども支援を実施したり、そのために必要な研修を実施する。地域でのキリスト教信仰の証しとしてのイベントを開催する。あるいは、行政や他のＮＰＯなどの他のセクターとつなぎ、より効果の出る支援活動を実施するなど、活動の幅を広げる支援ができます。

このように外部者としての団体と、地元の教会が協働するときに多くの活動が可能となりますが、災害への対応を教会が行うのは大変な働きです。それは一教会の働きとしては限界もあることですので、教会間の協力のネットワークを普段からもつことが有効ではないかと思います。

その意味からも、九キ災の今後の日常活動に期待し、学ばせていただきたいと思います。

メディアの視点から考える、災害支援の現場における宣教的観点

CGNTV統括本部長
キム・ギョンフン

1　マスメディア時代からマルチ・プラットホーム&コンテンツ時代へ

テレビは現代人にとって、最も身近なメディアである。少数のチャンネルでさまざまなジャンルを楽しんでいた人々は今、数百個のチャンネルから、自分が見たい番組を視聴できるようになった。放送局が製作した番組をそのまま見るしかなかった受動的な視聴者は、今や番組を自ら選択し、さらに放送に参加するという積極的な放送の消費者（consumer）となったのである。過去において、放送局と視聴者の関係が支配的だったとしたら、今は、コンテンツ制作者（program provider）とコンテンツ消費者（consumer）としての、新たな関係が確立されている。そして地上波の放送局とケーブル事業者が中心であった放送環境は、モバイルウェブとSNS（ソーシャルメディアサービス）まで拡大され、個人が一つ

のメディアとなり、いわゆるパワーブログ（フォロー数が百万人以上）が登場し、ある面においては、それらが放送局の影響を凌駕するという時代になった。

最近のメディアとコンテンツ環境の特性は、多くのデジタル・プラットフォーム、デジタル機器、デジタルコンテンツ等へ利用方式や手段が変わってきている。コンテンツ自体も一つの映像を、さまざまなプラットフォーム（TV、インターネット、スマートフォン、ソーシャルメディア等）、マルチユースが可能になると、デジタル映像技術が、より加速すると予想される。制作環境も大分変わってきて、資本中心の放送構造から、資本がなくても製作が可能な、個人メディアがユーチューブやフェイスブックなどを通して活性化している。このような変化は、コンテンツ制作技術の発展よりも、コンテンツ流通構造の大きな変化に起因する。つまりプラット・フォームと呼ばれる流通網の拡大が、コンテンツを急速に広めることに大きな役割を果たしたのだ。

よって、メディア環境だけを見れば、いわゆる3Aの時代が到来したのだ。3Aとは、Anytime, Anywhere, Anybody（いつでも、どこでも、だれでも）を示す言葉で、現代のメディアの特性をよく表している。つまり、今日のメディアは、世界各地で起こるさまざまな事件や事故、また個人のプライベートな内容も、リアルタイムであらゆるソーシャルネットワークを介して一瞬に拡散される。過去に、「言路」がなくて伝わらなかった情報が、ソーシャルメディアサービスと呼ばれるものを介して、一般大衆や個人に迅速に伝達されている。このような現象は、福音の観点からすると、大きな危機でありチャンスでもある。過去、中国のシルクロードが東西を結ぶ貿易の通路だったなら、今ではインターネットをベースとしたさまざまな技術が、新たな未来の道を開いている。よって、これらの新たな道に、何を乗せて運ぶかが重要な時代である。世の中の価値を乗せて運ぶなら、世界はますます腐敗し暗くなるだろう。しかし、これらの科学技術の発展を、教会とクリスチャンがリードして福音を流す通路に用いるなら、最も効果的な福音伝達手段となるのである。過去のキリスト教の歴史を振り返ってみても、福音の本質は一度も変わらなかったが、福音の伝達手段は、継続して多様に発展してきたからだ。

（たとえば、口伝→印刷術の発達、紙→産業革命、ラジオ、ＴＶの時代→インターネット革命、ウェブ、モバイル→マルチプラットフォーム時代、ソーシャルネットワーク、オープンプラットフォーム〔FACEBOOK, YOUTUBE, YAHOO, LINE など〕）

２　キリスト教メディア（christian media）の宣教的理解（missional understanding）

一般的な放送が商業的利益を目的として、大衆の望むコンテンツを制作するなら、キリスト教メディアはメディアの組織と特性を持つと同時に、明確な宣教的目的を持つ。

そのため同じ出来事でも、見つめる視点が異なってくる。特に災害の現場において、一般放送とキリスト教放送のコンテンツの違いは明確になる。キリスト教放送は宣教的機能と信仰強化、また教育の機能、そしてキリスト教的価値に立脚した社会的メッセージと理解を伝えなければならないので、一般放送よりも複雑な構造を持たざるをえない。つまり一般メディアが、災害現場の事実報道を中心に構成した後、その事故の原因と結果、それに伴う社会的責任を主にフォーカスをあてるなら、キリスト教のメディアは、事実報道と同時に、聖書の語る苦難のメッセージと回復のメッセージを中心に、霊的メッセージを放送しなければならない。

また、クリスチャンメディアはクリスチャンだけを対象にしていてはならない。被害を受けた人々の中にはノンクリスチャンが多いからである。そのため彼らにとって、イエス・キリストの愛と救いの福音を伝える通路とならなければならない。もしかすると、この機能こそキリスト教メディアが最も優先すべき重要な価値であり、使命とも言える。つまり宣教放送を通して、キリストを知らない一人の魂が福音を聞き、悔い改める通路となることが、キリスト教放送の最も理想的な存在目的であるからである。だから「慰めよ。慰めよ。わたしの民を――とあなたがたの神は仰せられる」とイザヤ書四〇章一節にあるように、人々が困難な環境に直面したとき、どの媒体よりも、キリスト教メディアの活躍と仕える姿が必要なのである。

CGNTVが、二〇一一年の東日本大震災の現場で奉仕しているときに、仙台の被害地域の住民が話した言葉が今も忘れられない。

「私は一度も教会に行ったことはありません。でも、今回の地震と津波で、村が大きな被害を受け、最も苦しいとき、多くのキリストさんが訪ねてきてくださり、大きな助けを受けました。皆さんもキリストさんに属した放送局ですか?」 また、その村で牧会されている牧師も「村の住民の方が、先に私に挨拶してくださるのは、十数年ここにいますが、今回が初めてです。痛みや悲しみを分かち合い、愛を実践することが、いかに重要であるかということを改めて気づかされました」と語られた。クリスチャンメディアは、地震や津波、各イシューや事件事故の現場において、単なる情報伝達以上に重要な役割があることを忘れてはならない。そして、現代のように個人化されたソーシャルネットワークの時代においては、宣教のためにメディアを活用する知恵を学ばなければならない。

３　災害におけるメディアの役割

(1) 危機コミュニケーション

危機コミュニケーションとは、危機的状況の克服において、コミュニケーションがどれほど解決に重要な役割を持つかを説明する言葉だ。自然災害と社会災害、金融危機、個人の健康、家庭崩壊など、さまざまなタイプの危機が訪れることがある。したがって、危機コミュニケーションは単純に定義したり、一般化したりしにくいもので、危機の主体と対象と危機的状況の特性に応じて、異なるコミュニケーション戦略が必要である（coombs, 1995; Coombs & Holladay, 1996）。韓国のセウォル号沈没事故の場合も、内外的コミュニケーションの失敗ゆえに、被害者が増加した。当時、災害の状況で明らかになったメディア報道の問題点は、災害発生直後、正確で迅速な災害の状況を報道すべきであったにもかかわらず、ある報道機関の誤報（全員救助されたという誤報）によって事故対応が遅れ、救助作業の遅延を招いた。続いてマスコミの扇情的な報道は、遺族だけでなく、国民の怒りを買うことになった。事故翌日から、救助作業が進行中であるにもかかわらず、一般メディアでは、遺族が受け取ることになる保険金についての記事があふれていた。メディア間の過熱した競争は、より刺激的で、事実とは掛け離れた推測性の記事であふれた。グッドニュースではなく、バッドニュースによって、韓国社会を病ませたのである。

(2) 災害報道時の注意事項

災害報道をするとき、災害を受けた人だけが、外傷後ストレスやトラウマを体験するわけではないという研究結果が発表された。心的外傷後の症状としては、憂鬱、不安、自殺の危険があり、代表的な症状としては、心的外傷後ストレス障害（ＰＴＳＤ）が挙げられる。

ＰＴＳＤとは侵襲（intrusion）・回避（avoidance）・睡眠障害などの反応麻痺（numbling）、過覚醒（hyper-arousal）等の四つの主な症状が、一か月以上持続する病的状態を言う（Mchugh et al, 2012）。メディアによる災害報道を利用することにより、メディア利用習慣や主に利用する記事の種類によっては、このような症状を経験することがある。メディアを通して外傷事件を知り、メディアの利用者は、これによって心的外傷を経験することがあり、さらに精神的に大きな影響を受けることもある（Ben-Zur et al, 2012）。

報道機関は、メディアの利用者が災害時だけでなく、普段から生命と安全に関連性の高い事件や事故のニュースを多く見ていることを念頭に置いて、災害情報を伝えるとき、多くの注意を払う必要がある。特に、外傷事件初期に報道される情報は、間接的な外傷と関連が高い分だけ、災害時の速報に備え、「災害報道準則」などのマニュアルを具体的に整備し、熟知しておく努力が必要である。事実報道、迅速報道の原則を強調しすぎていると、むしろ二、三次被害という、望ましくない結果をもたらすことがある。これは、メディアの純粋な機能が、かえって逆の役割をしてしまう結果である。

災害状況を見る視聴者側にも知恵が必要だ。特に成長期の子どもや若者、情緒的に弱い利用者が、災害状況において、メディアを見て動悸やめまいなどの身体的症状や不安、憂鬱などの精神的症状を感じた場合、メディア利用を制限する必要がある。保護者による積極的なメディア視聴方法についての教育も並行しなければならない。実際三・一一の大地震が発生したとき、公営放送や民間放送が報道する前に、現場でスマートフォンによって撮影された津波の動画が YouTube に公開され、瞬く間に数十万人が視聴する状況が発生した。しかし問題は、その映像を見た多くの人が津波の恐怖と原子力発電所の放射能に過剰な恐怖心を感じ、政府と地方自治体の指導を信頼せず、むしろ不信感が広まったという事実である。

ＣＧＮＴＶをはじめとする、キリスト教メディアは、刺激的で扇情的な動画で視聴者を引き込む方式ではなく、むしろ安全で正しいコンテンツを制作して配信し、正確なメッセージを発信することが重要であると考える。

(3) 災害後のアフターケア

初期災害放送の形態は、災害の被害状況と進展の報道が中心であるが、時間が経つにつれ、災害に関連するさまざまなヒューマンストーリーを発掘し、災害の否定的な面を希釈させようと努力する姿を見ることができる。これは災害のために国の経済と社会制度が脅威を受けることを避けるため、災害の中でも、美しい善行をした人々を浮上させ、温かな美談によって、人間味を加えようとするマスメディアの解決戦略でもある。そして被害者のためのさまざまな救済策や、心理的外傷の治療のため医学的なアドバイスを報道したりする。

キリスト教メディアは、災害現場の状況報告以上に、災害から回復するための番組を製作することに、より力を注がなければならない。災害後、回復したさまざまな事例を紹介し、回復の現場で起こる隣人への愛と奉仕と配慮を通して、彼らが勇気と信仰をもって立ち上がれるよう助ける役割をしなければならない。信仰を持つようになるきっかけは、まさにアフターケアをする過程で起こる。事故が起きた直後は、冷静な判断をする余裕がなく、また多くの人々の関心と支援を受ける。しかし、時間が経過すると喪失の痛みはますます大きくなり、心理的に萎縮し、恐怖と孤独の中、残りの人生を生きていかなければならない。そのようなときに、被災地の人々が通過する痛みを、時期別によくまとめたマニュアルを作成し、「災害被害者を対象とした番組」を製作するのである。災害初期の放送と災害が起きた後、六か月〜一年の間に必要なプログラム、および人々に忘れ去られていく一年以降のプログラムをよくまとめた「アフターケアのための放送」をするならば、神の愛を人々に伝えるきっかけになるだろう。そして特に一般のメディアが関心を持たない、比較的疎外された領域への配慮は、痛みの中にいる人々にとって慰めを与えることを期待できるだろう。

4　災害現場におけるキリスト教メディアとしてのCGNTVの宣教的役割

(1)災害状況発生時　CGNTVの役割

〈東日本大震災の場合〉

二〇一一年三月十一日、東日本大震災が発生した。震度七（マグニチュード九・〇）という大地震と巨大な津波、また東京電力福島第一原子力発電所の放射能漏れによる二、三次被害に至るまで、歴史上類を見ない大きな災害を経験した。

二〇〇六年十月三十日に設立された日本CGNTVが、初めて経験する大規模な災害であった。しかし、対応可能な範囲で、東北地域のネットワークと日本のニュースを通して流されるニュースをもとに祈りのリクエスト映像とニュースを世界中に知らせた。

この後、淀橋教会（ウェスレアン・ホーリネス教団）の主導で緊急救援団体アガペーＣＧＮが設立され、教会の救援チームと一緒に現場へ特別取材チームを派遣した。チームは、現場の状況を取材し、ニュースやドキュメンタリーを制作して、日本の教会だけでなく、韓国の教会やクリスチャンメディア（国民日報、ツラノ、オンヌリ新聞など）に、現場の状況を伝える情報伝達の役割を果たした。

取材と報道のほか、実際に支援できるよう、ソウルオンヌリ教会とＣＧＮＴＶ本社と協力し、教会の聖徒たちとスタッフが被災地に行き、さまざまなボランティア活動を行った。

東日本大震災を風化しないためにも、毎年特別ドキュメンタリーと座談会を製作し、七年後にあたる二〇一八年、現時点でも、毎年被害地域にニュースチームを派遣し、回復状況を知らせることに力を入れている。

〈熊本地震の場合〉

二〇一六年四月十六日、熊本地震の場合、ＣＧＮＴＶの役割は三・一一のケースとは多少異なった。三・一一の経験で作られた放送マニュアルを通して、地震発生時より素早い対応をとることができた。地震発生後、ＣＧＮＴＶ本社と日本支社で、ニュースを通して状況を国内外に放送し、東京から熊本に現場特派員を派遣し、熊本ベテル教会に報道ベースキャンプを立て、現場でニュースを制作して、より迅速に現場のニュースを各地に伝えた。

また、回復のために必要な人的、財政的支援を提供できるよう、韓国の教会との架け橋の役割を担い、オンヌリ教会と韓国の教会がボランティアに積極的に参加できるよう誘導した。

特に三・一一のケースと異なったのは、SNSの積極的な活用であった。CGNTVは、Facebookに特別ページを作成し、リアルタイムで現地の状況を知らせた。また、CGNTVで作成した映像は、さまざまなSNSを介して拡散され、世界中で多くの人が祈りと支援に参加できるきっかけを提供した。また地震後、人々の関心が薄れ、ボランティアが減ってくる時期には、ボランティアの募集のためのビデオを制作した。映像は、ソーシャルメディアとYoutubeを介して拡散され、三万人以上が視聴した。また、日本CGNTVは九州キリスト災害支援センターとの緊密な協力を通して、今後も仮設住宅の住民、地震による被害者を慰め、福音を伝え続けるつもりだ。

(2)災害の状況でのCGNTVの宣教

東日本大震災を当時、取材しながら、最も多く聞いた言葉の一つが「私たちのことを忘れないでください」という言葉だった。人の記憶は時が経てば忘れられてしまう。しかし、「記録は記憶を支配する」というカメラ広告のキャッチコピーのように、CGNTVの放送は時間が経っても、歴史資料として記録されている。また、資料的な意味の記録だけでなく、CGNTVの中でも、日本の痛みを忘れない努力をしている。

七年が過ぎた現時点でも、毎年、三・一一特集番組制作やニュースを制作している。

被災地の回復のための特別ドキュメンタリーをはじめ、ニュース、座談会、ファミリー・コンサートなど二十編以上のさまざまなコンテンツを通して、被災地住民とのコミュニケーションをはかった。コンテンツを通してコミュニケーションをとることで、被害者に、神さまの慰めのメッセージと福音を明確に伝え、また、被災地の教会が再び立ち上がれるよう、キリスト教メディアとしての役割を果たしたいと考える。二〇一三年七月には、石巻仮設住宅にＣＧＮＴＶのアンテナを設置し、人々が自然に福音と接することができるようにした。

結局、ＣＧＮＴＶは、キリスト教メディアとして一般メディアと異なるアプローチを経て、一次的に被災者を慰め、二次的に、教会やキリスト教機関のボランティア活動を支援し、ひいては放送を通して、イエス・キリストを伝える役割をしている。

参考沿革

二〇一一年

三月一一日	東日本大震災（四月十一日まで一か月間、地震災害特別編成）
二〇～二三日	アガペーＣＧＮ一次（救援及びドキュメンタリー制作）
三〇日～四月二日	アガペーＣＧＮ二次（救援及びドキュメンタリー制作）
四月三～六日	アガペーＣＧＮ三次
九日	アガペーＣＧＮと韓国「A better World」チーム（郡山）
五月三～六日	You are special 東北特別ドキュメンタリー制作
一三日	ＣＧＮＴＶジャーナル東日本大震災特集発行
六月七～一〇日	岩手アウトリーチ（日本支社、韓国本社アウトリーチチーム）
一四～一七日	宮城・石巻アウトリーチ（日本支社、韓国本社アウトリーチチーム）

二〇一二年

二月一〇日　東日本大震災特集座談会製作

三月一二日　東日本大震災特集ドキュメンタリー「それは愛だった」製作

二〇一三年

三月一一日　東北大震災特集ドキュメンタリー「うつくしま福島」製作

五月　福島「みことばに聞く」開始

　一一日　福島第一聖書バプテスト教会泉チャペル献堂式ニュース制作

六月二七〜二八日　東北ファミリーコンサート（福島いわき）

八月三〇日　茨城「みことばに聞く」開始

二〇一四年

三月一一日　福島アウトリーチ　ファミリー音楽会

二〇一五年

八月二三〜二七日　福島アウトリーチ（いのちの水）

一二月　サンタ・プロジェクト　九州東北支援の旅　同行取材

二〇一六年

四月一六日　熊本地震

　一九日　緊急報道チーム派遣及び報道ベースの設立（熊本ベテル教会）

七月　熊本アウトリーチ　一次

八月　熊本アウトリーチ　二次

一二月　熊本九キ災ボランティア募集映像制作

二〇一七年

七月　九州北部豪雨による被害発生

八月　九州北部豪雨被害関連の取材アウトリーチ派遣

参考文献（邦訳なし）

キム・ソンウク『現代一般信徒専門人宣教』韓国プラミサキーパー、二〇一〇年

カン・ミョンヒョン他『デジタルメディアと社会』ナナム出版社、二〇〇二年

キム・ソンジン「クリスチャン教育のためのマスメディアの役割に関する研究」キリスト教の新聞連載、二〇〇五年

パク・チョンイル「ニューメディア時代の文化宣教メディアとしてのキリスト教ＩＰＴＶの研究」長神大論文、二〇〇八年

イ・ハクヨン『デジタルミディア時代のキリスト教放送と宣教』総神大学校、二〇一二年

第三部　日本におけるホーリスティック（包括的）な宣教の課題と可能性

（パネルディスカッション）

日本におけるホーリスティック（包括的）な宣教の課題と可能性

東京ミッション研究所総主事／東京聖書学院教頭
日本ホーリネス教団・川越のぞみ教会　牧師
西岡義行

被災地で福音に生きる一人のＡ牧師を訪問させていただいた。そこに宿泊し、一緒に仮設住宅や復興住宅の方々を訪ね、「お茶っこ」に立ち寄り、さまざまな話を聞かせていただいた。その後の対話なども含め、具体的な宣教地における苦悩から、現代社会におかれている宣教の課題に目を向けたい。

Ⅰ　東日本大震災のある被災現場から問われていること

震災直後、Ａ牧師の働きは、もっぱら支援物資を届けることだったと振り返った。当初は、教会から来たというだけで、断られたり、怪訝《けげん》な顔をされたりしたのだという。ところが、寄り添う中で、仮設住宅で生活される方々が、配布された包丁の切れが悪くなり、自分で料理ができるようになって喜んだのもつかの間、不便さをだれにも訴えることができないでいた。すべてを失った人にとって、毎日使う物に不便することはつらいことだ。そこで、A師は包丁の研ぎ方を学び、道具をそろえて、ポスターに「包丁研ぎます」と書き、掲示板に張ると、ポツポツとリクエストが来る。丁寧に包丁を研ぐと、本当に喜んでくれるのだ。やがて、そのうわさが広がって次々包丁研ぎの依頼が来るようになる。関わる中で、それ以外にも、さまざまなニードが見えてくる。ストーブの調子が悪い、カセットの音が出ない、雨漏りがする、あれが壊れた、これが調子悪い。さらには、トマト、キュウリがせっかく実ったのに、ちょっと高いところにあると届かない、などなど。一つ一つかゆいところに手が届くように関わり続けた。ちょっとしたことで、本当に心の通う笑顔がそこにあった。

そんな中、関係構築が最も難しかったのは、町のリーダーたちとの関係だったという。「宗教関係者はお断り。」「絶対に宗教活動だけはしないでください。」これは、地元で表に立ち、責任をもって復興のために労する彼らの共通の声であった。明確に伝えられることも、「わかるよな」と態度や目で伝えられることもあるが、内容は同じである。そのような宗教関係者への強い態度の背後にあったのは、教会関係者の中に「伝道のチャンス」と言って、かなり大胆な集会への勧誘をした人々がいたことだった。その集会がうまくいかないと、支援を終えて早々撤収していったのだ。他の新興宗教にも見られたこうした態度は、町おこしを長期的視野で取り組むリーダーたちにとって、迷惑な存在と映るのも仕方のないことだ。だからこそ、そうした方々との関係構築が一向に進まなかったのだろう。

ところが、三年、四年と時を重ねるにおよんで、事態が変化してくる。町内会長や、仮設住宅の責任者は、住民の苦情への対応に追われ、疲れ果てていった。何人かと友だちとなっていたA師は、彼らの話をじっくり聞くことになる。自分も被災しているのに、町のために家族を犠牲にして精いっぱい労しても、ニードは一向に減らない。山のような苦情に奔走し、それを上の行政に伝えても、理解してもらえない。彼らは、上にも下にも、周りにも、その悩みを吐き出す場もなければ、本気で耳を傾け、共感してくれる人もなかなかいなかったのだ。だからこそ、そのはざまで歩き回るA師には話すことができた。共に労してきたことで築かれてきた信頼関係があったからなのだ。

そのようなことを契機として、自治会長や、仮設の責任者ともさらなる信頼関係ができていく。市内の公的機関のシンポジウムで持ち場が与えられるなど、地域社会の一員としても認められるようになったのだ。地域での信頼関係が築かれ、「さあ、これから何とか伝道につなげていきたい」と願いつつも、ここにきて、いよいよ見えざる大きな壁を感じるのだという。教会が地域から孤立していたときに感じたものとは、別次元の孤立感なのだという。

確かに、地域には牧師や教会の働きに賛同する人々が多くなり、地元の一員としての地位を確立した。今まで祈り願っていた地域社会との関係性が築かれていったのだ。にもかかわらず、そこからもう一歩進もうとすると、見えざる壁が静かに立ちはだかるのだ。いよいよ福音を伝えようというときに、その行き手が阻まれるのだ。それは何なのだろうか。どうしたらそれを突破できるのか。「宣教学を学んだからこそ、尋ねてみたい」と、真剣に問われた。

「宣教学は、答えを出す学問ではなく、宣教の現場を理解し、宣教者が意識していない問題にも光を当て、聖書に戻って考察する道具を提供するにすぎないのですよ」と述べても、言い訳にしか響かない。彼

から、少しでも光が当てられれば、と願いつつ考察を続けたい。今も、その答えを出せるとは思わないが、この領域の学びの重たい問いに向き合う勇気が必要となった。

II　社会的奉仕か伝道か（宣教学的問い）

地域の課題に奉仕する「社会的責任」と伝道とは、どちらが大切なのか。この二つは、どのように関わるのかについては、長い間議論されてきた。しばしば言われるように、保守的立場からは、永遠にかかわる魂の救いこそが宣教の使命であり、教会の活動によってどんなに社会が良くなっても、伝道がなされないならば、教会の使命を全うしたとはいえないとして、伝道第一を主張する。それに対して、別の見方からとらえると、現実の社会の課題に目を向けない宣教は、結局は地域社会から孤立する。しかも、魂の永遠の住みかに目を向けた宗教集団を形成することにとどまることで、かえって福音を矮小化し、幽閉しかねないともいわれている。[*1]

一九七四年にスイスのローザンヌで開催された世界宣教会議で出された「ローザンヌ誓約」に、これら両者が共に宣教に欠かせないものであると明示されている。

私たちは、これらの点をなおざりにしたり、時には伝道と社会的責任とを互いに相容れないものとみなしてきたことに対し、ざんげの意を表明する。たしかに人間同志の和解即神との和解ではない。社会的行動即伝道ではない。政治的解放即救いではない。しかしながら、私たちは、伝道と社会的政治的参与の両方が、ともに私たちキリスト者のつとめであることを確認する。[*2]

さて、ここで課題となったのは、社会的責任と伝道をどうとらえるかということであった。実際に、この誓約の次の第六項では「犠牲的奉仕を伴う教会の宣教活動の中で、伝道こそ第一のものである。世界伝道は、全教会が、全世界に、福音の全体をもたらすことを要求する」[*3]と伝えられ、明確に伝道こそ優先的に取り組むべき事柄として位置付けられている。

こうしたローザンヌ誓約の背後にある神学的枠組みは、ジョン・ストットによって提示されてきたといって過言ではないだろう。彼によると、「伝道」(evangelism)と社会的活動(social action)の両方を含めるのが「宣教」(mission)であるとして、いわば包括的宣教理解を提示した。[*4]しかしながら、この提示の仕方自体がその後の議論を巻き起こすことになる。すなわち、一旦福音を委ねられた私たちの働きを二つのカテゴリーに分けること自体の中に問題があったと言わざるを得ない。D・ボッシュは、こう述べている。

> 宣教を二つの分離した要素から成るものと捉えた瞬間に、その二つが原則的にそれぞれ独立したものであると認めることになる。社会的側面なしに伝道をすすめ、伝道的側面なしにキリスト者の社会参与をなすことが可能である、と暗に言っているのである。それ以上に、もし、一つの要素が第一で、もう一つの要素は第二であると示唆するならば、一つは本質的であり、もう一つは任意のものだということになる。これがまさしく起きたことなのである。[*5]

厳しい宣教の現実は、これは、単なる議論で終わらせはしない。必死で伝道すれば、地域社会から孤立してしまう。逆に、社会に仕え寄り添って歩み続け、関係を築いていけばいくほど、逆に伝道ができないというジレンマに追い込まれてしまう。両者をどうとらえるかは、議論のテーマではなく、教会存続の重大事であり、福音が届くか届かないかを左右する課題だということを、私は今突き付けられている。そして、その課題に向き合わざるを得ない宣教の現場にどれだけの者が置かれているかを考えざるを得ない。

重大な問題と取り組むとき、まず、そもそも宣教や福音をどうとらえてきたかを考えたい。そして、過去の私たちの先達者もこのジレンマを経験せずに福音を伝えてきたわけではない。しかし、今までの議論が、どうしても二元論的な枠組みを使用して、不健全な対立を生み出してきた。なぜなのだろうか。

Ⅲ　カテゴリー思考から物語思考へ

どうしても、神学的議論をする中で、陥ってしまう罠の一つが、このカテゴリー思考の問題性ではないだろうか。もちろん、物事の全体像をとらえるために、その事象を要素に分析し、カテゴリーに分けることは人が世界を認知するときにそもそも行ってきた行為そのものである。しかし、私たちの認知すること、そして理解している世界は、良い意味でも悪い意味でも制約を受けている。

このカテゴリー思考の特徴は、ある基準に照らして境界線が引かれ、区別することにある。目の前に置かれたものがひとつのカテゴリーの内側にあるか、外側かを考察することには長《た》けている。そして、その判断基準が明確になれば、その境界線もより明確になされる。だから、曖昧なことは性質上似合わない。また、多様な異なる要素がどのように関わり合うかについて考えることは不得手である。線引きして右か左かを区別したり、枠組みを設定して内か外かを区別したりする思考は、複雑にからみ合う事柄の関係性を捉えるには限界があると言わざるを得ない。

こうした思考は、異端かそうでないかを判別する作業ではきわめて重要であろう。また、真の神と異なる神との間の違いを明確化し、真の神の属性が明示されることなどに、有用に用いられてきた思考であった。神学も、それぞれのカテゴリーごとに整理され、組織化されていった。

こうしたカテゴリー思考によってあえて分類すると、宣教の二つのカテゴリーを次のように分けることができよう。

伝道	社会的活動
罪と十字架の贖い	魂の救い
神との関係の回復、永遠の領域	人間の尊厳の回復
慰めや希望	地域の復興や人間関係の回復

しかし、こうした分類は、それぞれの枠を想定し、その内か外を分ける境界線の意識が強くなり、未信者にはなかなか通じないキリストの贖いや特別啓示の領域について、いきなり社会的活動の中に盛り込まれると、拒絶反応が起きてしまう。だから、「社会的領域」に出れば出るほど、「伝道」のカテゴリーに入る事柄を前面に出せなくなってしまう。この実体験を、そのまま説明するには、こうしたカテゴリー思考はあまりにも説得力をもってきたようにも思う。しかし、それでいいのだろうか。

実際に、主イエスの宣教にこうした二元論的対立があっただろうか。罪理解にしても、それは個人の罪のみならず、社会的な罪の温床、罪を犯さない選択肢を許さないような社会的構造悪、さらに、罪は環境にも影響してきたことが明らかにされてきている。*6 また、社会的領域にも霊的側面や永遠性への希求があってしかるべきなのだ。さらに、十字架の贖いは、個人的な罪の領域だけにとどめることはできない。罪は人間関係を破壊し、社会を崩壊に導くが、和解の福音はそこに人と人、社会をも変革する驚くべき恵みがあるとパウロは述べている（エペソ二・一六以下）。さらに「その十字架の血によって平和をもたらし、御子によって、御子のために万物を和解させること、すなわち、地にあるものも天にあるものも、御子によって和解させることを良しとしてくださった」（コロサイ一・二〇）と伝えられているとおり、個人、関係性、社会、環境、宇宙に至るまで実に大きな視点で伝えられているとするなら、見方を変えざるを得ないことは明らかである。

去る第六回日本伝道会議でクリストファー・ライト氏は、第二回目の主題講演「福音」の中で、こう述べている。

　ローザンヌ運動はそれら二つの領域、すなわち伝道と社会的な関わりを常に統合していこうとしてきました。もちろん、その二つが同じ事柄であるとは考えていません。言葉を用いて伝道していくこと、良き知らせ・福音を語ることはもちろん必要です。そしてまた社会における良き働き、愛と憐れみをもって仕える働きも必要です。それらは同じではありませんが、ローザンヌ運動は、神がこの両方を大切にしておられ、一つに統合しなければならないと考えておられるととらえてきました。この二つを統合するもの、それが福音なのです。[*7]

ここで、両者を統合するのは「福音」なのだと明言している。そもそも福音とは、ユーアンゲリオン＝「良い知らせ」であり、ギリシア・ローマ世界では、ローマ帝国の戦いの勝利を伝える皇帝の伝令であった。新約聖書においては、その言葉がむしろ神の国の到来を十字架の勝利をもって宣言する「伝令」として用いられている。ローマの勝利とは別次元の勝利宣言という良い知らせなのである。それは、きわめて包括的であり、かつ中心が何であるかを射抜く内容をもち、神がこの人間の歴史に具体的になされた聖書の約束の成就という形で成された神の業を物語るのみならず、それは宣言であり、信じる者と交わされる契約でもある。その豊かな捉え方は、『ケープタウン決意表明』に明示されている。

福音は、ナザレのイエスの生と死と復活という歴史上の出来事を良い知らせとして告げる。……福音はこう宣言する。キリストの十字架の上で、神の御子という方において、私たちの代わりに、神は私たちの罪が当然受けるべき裁きをご自分の身に引き受けた。この偉大な救いの業は復活によって完成し、証明され、宣言された。この救いの業において、神はサタンと死とすべての悪の力に決定的勝利を勝ち取り、それらの力と恐怖とから私たちを解放し、それらが最終的に破滅することを確実にした。神はあらゆる境界線と敵対関係を超えて、信じる者とご自身との間に、また信じる者どうしの間に、和解を成し遂げられた。神はまた、全被造物の究極的和解という神の目的を成就し、イエスが肉体をとって復活したことを通して、神は私たちに新創造の最初の実を与えてくださった。「神はキリストによって世をご自分と和解させた。[8]」

この福音の理解の基礎となっている視座が、ローザンヌ神学委員長だった彼の主著『神の宣教――聖書の壮大な物語を読み解く』（いのちのことば社）にある。ここでは、聖書全体も福音も、神が歴史に介入してこられたある目的をもってなされた行為を物語ることの中に位置づけてられている点が重要であろう。ライトが主張し、ローザンヌが取り入れた神学のスタンスは、神学内容とその神学的営みの双方を「物語る」という人格的な存在の「自己開示の行為」に関連させている点が重要である。古代から現代にいたるまで、人類は自らのアイデンティティや所属している重要な伝統や伝承を、「ストーリー／物語」という形で表現し、共有してきており、それによって安定した世界観が提供されてきたと考えられている。「ストーリーは世界観の包括的な形成における重要な要素の一つ」なのであり、「すべての世界観はこれ以上簡略化できない物語的要素をふくんでいる[9]」といえるのだ。物語るという行為の包括的要素をとらえつつ、聖書を読むことの大切さをC・ライトは主張した。彼はこう述べている。「聖書のテキストと創造者なる神の自己開示との間になにがしかの関係があると考える者には、聖書正典全体が存在すること自体が、ある特殊な現象である[10]」と。テキストそのものを被造物との関係を回復しようとする神の歴史への働きかけの中から生まれたものであるとし、それは神の言の派遣（mission）として位置付けている。

『ケープタウン決意表明』ではストーリー性を前面に出して福音をとらえている。

聖書は創造、堕落、歴史上の救済、新創造についての普遍的なストーリーを語る。この壮大な物語は、整然とした聖書的世界観を私たちに提供し、私たちの神学を形作る。このストーリーの中心にあるのは、救済の出来事のクライマックスとしてのキリストの十字架と復活であり、それは福音の核心をなす。*11

さて、ここで問わなければならないのは、十字架の福音を伝えたくても、実際には、受け取る側がすでに二元論的な枠組みで受けとめてしまうことだ。社会的貢献を認めてくれてはいても、魂の領域については拒絶反応を示してしまうのだ。一体どのようにして、この福音が届くのだろうか。本来なら、魂も、人間関係も、社会も見えざる領域もすべてに変革をもたらす福音であるのだが、伝える方にも受け取る方も、カテゴリー思考で社会的領域と福音とを分けてしまい、受けても社会的貢献のみを受け取ろうとすることとなっているのだ。

「福音を語る者が福音に生きるなら、そこに包括的福音が明らかにされるのだ」と牧師や信じている者がどんなに納得できても、実際にあのA師が取り組む宣教の現場では、受け手が非包括的に捉えてしまうのだ。福音は本来包括的なのだという確信をもって地域社会に入っても、地域の人々の中にカテゴリー思考による壁ができている。この見えざる壁の前に、今、私たちは立たされているのだ。

Ⅳ　この問いにだれが答えるのか？

統合することに目が奪われて、見失っていたことがある。すなわち、相対立する二つの領域を包むようなより大きな枠組みを捉えようとする統合作業自体、カテゴリー思考の枠を出てはいないということである。枠組みの大きさを変えただけで、質的に異なる思考による作業とは言えないからなのだ。したがって、より多くのものを入れる「福音」という範疇を想定し、包括的に他の伝道と社会的責任を含んだとしても、やはり、現場の抱えるカテゴリー思考の課題を越えることは難しい。

今こそ、この地上の歴史の中で、もっとも長い間、この壁と向き合ってきた方に耳を傾ける時が来た。神に背を向け見えざる壁を作ろうとする人間と向き合ってきたのは、神ご自身だったのだ。その方の主体的行為が私たちに光を与えている。それは、神の人間へのアプローチは、神が選んだ民と共になされたということと深く関係している。それはアブラハムをはじめとして神の民を選び、その民を通じて自らをすべての民に示されたことなのだ。

旧約において始められた神の業はイエス・キリストにおいて成就し、さらに、新しい神の民である弟子たちに委ねられたのである。神が自ら、ご自身の民を選び、彼らを通じて自らを現されるという、神の御業全体の中で福音を捉え直すことが重要である。この点について、レスリー・ニュービギンは、以下のように述べている。

私たちの主がそのあとに残していったのが書物ではなく、信条でもなく、思想体系でもなく、会則でもなく、目に見える共同体だったことには、汲み尽くせない意味があります。……彼は救いの業の全体をその共同体に託しました。……その共同体は、思想が第一で共同体は二の次といった思想中心のものではありませんでした。……実際の共同体が第一であり、共同体についての理解はあとから追従するのです。[*12]

地域に福音をもたらす共同体として神は自らの民を選び、育てようとされた。この共同体こそが福音を伝える重要な存在であることを知っていたからこそ、パウロはあれほどの手紙を残したのであろう。その共同体が福音となるために、どうしても見失ってならない方について書き残すことの重要性を、福音書の記者は知っていたのだ。

ここで、永遠の希望を委ねられた共同体が、いかに福音となっていったかは、深刻な疫病の中で、明らかになった。このことを、共同体の外側から描写したロドニー・スタークの『キリスト教とローマ帝国――小さなメシア運動が帝国に広がった理由』（新教出版社）から紹介したい。

福音のもともとの意味がローマ帝国の戦勝の宣言、告知なのであれば、それを超える福音の宣言は、驚くべき宣言といえる。実際、ローマ帝国は、ローマの軍の力によってきわめて安定していた。そのローマ軍を止めることのできる力を持つ政治的・軍事的力は見当たらないとされる当時、それをも止める力があったのが、疫病だったといわれている。

いったん疫病が蔓延すると、人々は、その猛威が過ぎ去るまで、「すべてのことは放棄され、人々はただ恐れおののいてうずくまるだけであって、……争いも、働くことも、そして野心を抱くことさえ放棄した」[*13]。

人類の歴史の中で、天災や人災が引き起こされ続けると、社会の主流を占める宗教がそうした災害に力を発揮しないとして、人々がその信仰から離れていくことがしばしば認められてきた。しかし、福音に与《あずか》った共同体は、そうではなかった。ロドニー・スタークは、現場にいるかのようにして、次のように描写する。

今、わたしたちは死臭のする町にいる。わたしたちのまわりでは家族も友人も次々倒れていく。自分たちだっていつまで元気でいられるかわかりはしない。そういう凄まじい状況で人はなぜと問わずにはいられない。なぜこんなことが起こるのだ。なぜ彼らであって、自分ではないのか。自分たちもみな死ぬのか。そもそも世界はなぜ存在するのか。つぎはどうなるのか……。[*14]

次々と息絶えていく者たちの体は、容赦なく屍体の上につみかさねられ、街路にも累々ところがり、ありとあらゆる泉水の廻りにも水をもとめる瀕死者の体が蟻集していた。……神聖とか正常などという一切の宗教感情をかえりみなくなる。……そして宗教的な畏怖も、社会的な掟も、人間に対する拘束力をすっかり失ってしまった。神を敬う者も、そうでない者も、みな同じ悲惨な死をとげていく……。[*15]

疫病が蔓延する中では、自分を守るために行動してしまうことをだれも非難できない現実であった。ところが、そうした絶望的な中でのキリスト者の対応が、多くの人々を内側から変えていった。スタークは、ディオニュシウスの手紙を引用しながら、こう述べている。

彼らは危険を顧みずに病人を訪れ、優しく介護し、キリストにあって仕え、そして彼らとともに喜びのうちにこの世を去りました。この人たちは他の者から病気を移され、隣人たちの病を自らの側に引き寄せ、その苦痛をすすんで自分のものにしました。[*16]

日本という宣教の現場に目を移したい。実際に福音が福音とならないのが、日本の宣教の現実といえるかもしれない。しかし、それで終わりではないはずだ。主がなさろうとする神の宣教の業は、福音によって永遠の希望をいただいた共同体が派遣され、その存在がその地に福音となるのではないだろうか。聖霊によって、私たちは「証し人」となるのだ、という「使徒の働き」一章八節の聖書の言葉が、強く響いてくる。包括的な福音を伝える可能性をもつのは、「包括的福音理解」ではなく、福音によって変えられた存在そのものではないだろうか。すなわち、一つのよりふさわしい神学の提示というよりも、福音に生かされている存在そのものが派遣されているという、その出来事の中に可能性を見ているのではないだろうか。神の民の共同体そのものこそ、見失ってはならないのではないだろうか。福音に生かされている存在がその地の福音となることが求められているのは、旧約から新約に至るまで、変わらない神の求めでもある。この社会に生きる人々は、この共同体が福音に生き、それがどのようなものであるかを見て、どんな状況にあっても祝福をもたらす見えざる方を崇め、それから、信じることへとつながるのではないだろうか。人々は、そのことを待っているはずなのである。

注

1　この議論をより詳しく歴史をさかのぼって考察したい場合は、Timothy Yate, *Christian Mission in the Twentieth Century* (Cambridge: Cambridge University Press, 1994)や、その他の考察をまとめた拙論「被災地から問われる包括的福音――ローザンヌ運動の視点から」『福音主義神学』四四号、二〇一三年を参照されたい。

2　「ローザンヌ誓約」宇田進『福音主義キリスト教とは何か』いのちのことば社、一九八四年、二〇〇頁。全文は一九六～二〇八頁に所収。以下のＨＰでも閲覧可。http://www.lausanne-japan.org/ローザンヌ誓約/　この誓約は保守陣営の側から出された国際会議の公式文書が社会的責任を包含した宣教理解を提示したことで注目されている。

3　前掲書、二〇一頁。あるいは日本ローザンヌ委員会ＨＰの「ローザンヌ誓約」を参照。

4　J. Stott, *Christian Mission in the Modern World*, (Downers Grove, IL: InterVarsity Press　1975). pp. 25~30.

5　『宣教のパラダイム転換』下、東京ミッション研究所訳、新教出版社、二〇〇一年、二五九頁。

6　この包括的な罪理解は、「神の国」という神学的視点から展開され、ロン・サイダーがホイートンで開催された世界福音連盟協議会において主張した。詳しくは、Ronald Sider, *Evangelicals and Development: Toward a Theology of Social Change* (Exeter, UK: Petenoster, 1981)。Tizon, "Precursors and Tensions in Holistic Mission," In *Holistic Mission: God's Plan for God's People.* (Brian Woolnough and Wonsuk Ma, eds. Eugene, OR: Wipf and Stock Publishers, 2010) p.74も参照。

7　クリストファー・J・H・ライト「主題講演　再生へのリ・ビジョン――福音・世界・可能性」第六回日本伝道会議実行委員会編『再生へのリ・ビジョン――次の伝道会議〈二〇二三年〉へのロードマップ』藤原淳賀訳、いのちのことば社、二〇一七年、四二～四三頁。

8　『ケープタウン決意表明《コミットメント》』日本ローザンヌ委員会訳、いのちのことば社、二〇一二年、三三頁。引用箇所で言及した聖書箇所は、Ⅰコリント一五・三と、コロサイ一・二〇。

9　N・T・ライト『新約聖書と神の民』上、山口希生訳、新教出版社、二〇一五年、八七頁。

10 クリストファー・J・H・ライト『神の宣教・第一巻』東京ミッション研究所訳、いのちのことば社、二〇一二年、四六頁。
11 『ケープタウン決意表明』二四～二五頁。
12 Lesslie Newbigin, *The Household of God,* (New York, Friendship Press, 1954) p.20. 日本語訳は、鎌田泰行（ウィルバート・シェンク「災害に備えて」〔第四回東日本大震災国際神学シンポジウム〕『聖学院大学総合研究所紀要』六二号、三六～三七頁に引用）。
13 ロドニー・スターク『キリスト教とローマ帝国――小さなメシア運動が帝国に広がった理由』穐田信子訳、新教出版社、二〇一四年、九六頁。
14 ロドニー・スターク、前掲書、一〇四頁。
15 トゥキディデス『戦史』からの引用。ロドニー・スターク、前掲書、一一二頁に掲載。
16 ロドニー・スターク、前掲書、一〇八頁。

聖書学の視点から

日本福音同盟総主事
イムマヌエル綜合伝道団・武蔵村山キリスト教会　牧師
岩上敬人

一　「支援」と「宣教」の間にあるジレンマ

東日本大震災以降、災害支援活動を行ってきた福音派の流れの中にあるキリスト者と教会、また支援団体にとって、常に直面する課題があったと聞きます。それは「いつまで支援活動をすればよいのか」、「どの段階で直接伝道を開始すればよいのか」という課題です。キリスト者の支援活動の目標はどこにあるのでしょうか。ある人は被災地域に「地域教会」が生み出されることだと考えるかもしれません。素晴らしい理想的な目標であると私は考えます。被災地域において、キリスト者がキリストの愛を具現化しつつ支援活動を行い、それによりキリストが証しされ、キリスト者と地域の方々との間に、信頼関係が確立され、その信頼関係の中で、福音が伝えられ、その結果として人々が回心し、キリストの弟子となり、教会が誕生することは私たちがまさに理想とする支援の目標ではないでしょうか。私はこの理想を決して失ってはならないと考えています。それはイエスご自身が弟子たちに語った「あなたがたは行って、あらゆる国の人々を弟子としなさい」（マタイ二八・一九）という宣教命令に合致するからです。

ところが、現実に目を向けると「支援」と「宣教」の間には大きなギャップがあります。一度、伝道というギアが入ると、これまで支援の中で一緒に歩んできた人たちは去ってしまうことがあるそうです。私たちは「支援」と「伝道」を一つとして見ていても、受ける側が、結局のところ「布教活動」のための「支援」だったのかという見方をすれば、それまでの信頼関係が崩れる場合もあります。この問題を乗り越えるのは容易なことではありません。もちろんこの課題と格闘しながら、被災地域に教会を生み出す働きが続いています。私たちは支援と伝道の間のギャップがどのように円滑に移行できるのか、現場で取り組んでおられるキリスト者の方々から学び、知恵を出し合い、また学び合う必要もあるでしょう。

二　聖書を読み直そう

「支援」と「宣教」の現実的なジレンマは、福音派キリスト者の福音理解、さらに踏み込むなら聖書理解の根幹に関わる問題ではないかと私は考えています。もちろんそれだけではありません。日本の福音派の形成されてきた歴史的背景と、その中で培われたアイデンティティーにも深く関わっているといえるでしょう。戦後、自由主義神学が日本の教会に入ってきた時代、また社会派と呼ばれるグループが政治的・社会的運動に積極的に取り組んでいく時代にあって、福音派はそのような教会や牧師を批判し、反発しました。福音とは社会や政治、体制を変えることではなく、一人の失われた魂を獲得すること、信者の数が増えること（教会成長）であると考えたからです。その意味で福音派キリスト教会の「宣教」の中心には「伝道・救霊」そして「教会形成と成長」があります。

このような歴史的な背景をもつ日本の福音派は、その理解を正当化し、裏付ける聖書理解を保持してきました。それはパウロの手紙を中心に構築されてきたキリスト教神学体系です。使徒パウロがギリシア・ローマ世界に宣教し、教会を形成しながら伝えた福音とは、「すべての人は罪人であり、神の裁きの下に置かれている。しかし人は、罪を悔い改め、イエス・キリストを信じるなら、その信仰によって義と認められ、聖化され、神の子どもとされる、そして天国に行くことができる」というものです。こうした個人の「救いの順序」を骨格とした聖書理解は、聖書全体を読み解くレンズとなってきました。

このような福音理解、聖書理解はとても大切であり、「救霊」を軸とした福音理解は、聖書が語る福音の中核であると私は確信していますが、それでも、聖書が語る福音の豊かな内容を十分に網羅するものではないとも考えています。その意味で、近年のローザンヌ運動が起点となって展開されているキリスト者と教会の「宣教」と「社会的責任」の二つの柱を軸とした聖書理解、包括的宣教理解は、とても大切だと考えます。

新約聖書学の観点からもう少し踏み込んでみたいと思います。あくまでも私見にすぎませんが、日本において、私がこれまで聞いてきた福音、また特に福音書のメッセージは「神の前に個人がどのように救われるのか」という関心が中心になっていたように感じています。このように「個人の救い」、「個人がどのように神の怒りから逃れ、天国に行けるようになるのか」という関心から福音書を読むことは、主イエスが一世紀のユダヤ人たちに語ったメッセージを正確に汲み取ることになるのでしょうか。福音派に属する私たちの福音書の読み方に問題点があるとするなら、使徒パウロが確立した（私たちが信じる）救いの順を核とする神学的体系を基準に、福音書を、また聖書全体を解釈してきたことではないかと考えています。新約聖書で提示されている福音を理解するための私の提言は、福音書とパウロの手紙（もちろん新約聖書のその他の書簡を含めて）をより統合する、その連続性を意識する丁寧な聖書の読み方が必要とされているということです。

そのためには、より複雑な問いに私たちは向き合わなければなりません。まず読者の違いです。主イエスは神の国の福音を一世紀のパレスチナで生活するユダヤ人にアラム語で語ったこと、一方で使徒パウロは、一世紀のギリシア・ローマ世界の異邦人信者（教会）にギリシア語で語ったことです。さらに掘り下げるなら、福音書を執筆した弟子たち（マタイ、マルコ、ルカ、ヨハネ）は、主イエスの働きと教えを次の世代の読者に伝えるために、アラム語で語った主イエスの言葉をギリシア語に翻訳し（あるいはすでにギリシア語に翻訳されていたイエスの口伝を用いて）、それぞれが独自の神学的アジェンダにしたがって、福音書を編纂したという点も見落としてはなりません。そして、使徒パウロは主イエスの教えとその生涯を聞きながら、メシアであるイエスがユダヤ人、異邦人のために十字架と復活によって何を成し遂げられたのか、またそれが聖書に約束された（特に神とアブラハムとの間）契約の成就であったこと、その祝福がユダヤ人だけでなく、異邦人にまで及んでいることを福音として異邦人に伝えたのです。このような違いを見ることで、使徒パウロと主イエスによる福音の連続性とパウロが啓示として受けた福音の新しい側面を区別することができるでしょう。

また福音書とパウロの手紙の統合的理解のためには、違いだけなく、共通点もしっかりと見る必要があります。読者・聴衆の違い、あるいは執筆年代の違いはあるにせよ、主イエスも使徒パウロもユダヤ人であり、一世紀のユダヤ人たちが持っていた神観、人間観、世界観、終末観や希望を共有していたという点です。何よりもユダヤ人は旧約聖書を持っていました。聖書に書かれている約束をどのように解釈し、それに基づいて生活し、希望をもっていたのか、また主イエスやパウロが共通する一世紀ユダヤ教の聖書理解の中で、どのように聖書の約束を再解釈したのか、という問いも重要となってきます。そこには旧約聖書から主イエスとパウロによる福音へと流れる連続性や統合性を見つけることができるでしょう。

こうした読み方をしていくためには、先達のキリスト者から聞き、学んできた福音理解をさらに深め、反省すべき点があれば、それに向き合い、聖書的な福音に生きようとする真摯な姿勢が、私たちには問われているように思います。またそれが教会で語られる説教に反映されていかなければならないでしょう。その意味では聖書を読みなおす作業は、牧師の書斎や講壇、また神学教育にまで及ぶものだといえるでしょう。

三　災害支援「神のかたちの回復」をめざして

「支援」と「宣教」について考えようとするとき、聖書学、特に新約聖書学の分野では上記のような作業が必要ではないかと考えています。そこからは、聖書全が、個人の魂の救いにだけ特化した福音を伝えているのではなく、もっと広く大きな福音について語っていることが見えてきます。その一つを紹介できるとすれば、それは「神のかたちの回復」という主題ではないかと思います。

この主題について二つの聖書箇所を挙げます。ルカの福音書一〇章二五～三七節、またコリント人への手紙第二、三章一八節です。私は現在、キリスト者による災害対応チャプレンの働きに取り組んでいます。そのめざすところは、さまざまな災害によって心に傷を受けた方々の「隣人」となることです。善きサマリア人が半殺しにされたユダヤ人の側に近づいていき、回復まで面倒を見たように、キリスト者が傷ついた人々の側にいて、一緒に回復に至る道を歩くことです。そこにはキリスト者側の明確なアジェンダはありません。あくまでも相手の回復に付き合うという姿勢です。福音派がこれまで行ってきた、神・罪・救いを提示し、悔い改めを迫る「伝道」とは違う種類の働きです。この働きは、「神のかたち」の回復をめざします。

「私たちはみな、覆いを取り除かれた顔に、鏡のように主の栄光を映しつつ、栄光から栄光へと、主と同じかたちに姿を変えられていきます。これはまさに、御霊なる主の働きによるのです。」

（Ⅱコリント三・一八）

使徒パウロが見ているのは、すべての人のうちにデザインされている神のかたちの回復です。私たちキリスト者も、神のかたちの回復のプロセスの途上にあります。そして、災害支援活動と、特に災害対応チャプレンが取り組んでいる心のケア、スピリチュアルケアの働きは、一般恩寵のゆえに、すべての人に与えられている「神のかたちの回復」をめざし、そのために、その人の内にある回復力（レジリエンス）を見いだして、それが最大限に生かされるために、その人と共に歩み、「心的外傷後の成長」の旅を続けていくことです。災害対応チャプレンの働きは、救霊中心の見地からすれば、「それは単なる人道主義だ」と言われかねませんが、統合的な福音理解に立てば、とても大切な働きであると信じています。

四　おわりに　土を作ろう

最後に、私たちに必要なのは時代の理解とタイミング、そして忍耐ではないかと考えます。災害対応や支援活動を通しての福音の働きは、何世代にもわたる種蒔きのような働きなのかもしれません。どの時代のキリスト者がそうであったように、私たちは自らが生きている時代の制限の中に置かれています。誤りのない神の言葉である聖書は決して変わることはありませんが、福音理解は、その時代の中で深められ、その時代にふさわしい強調点が出てくることもあります。私たちは、聖霊の光に照らされて、先の時代も見据えながら、聖書的な福音理解を追求し、そこに真摯に生き続ける者でありたいと願います。

また毎年のように、自然災害に見舞われる日本に住む私たちキリスト者は、災害によって苦しんでいる方々に対して無関心でいられるはずはありません。自然災害の多い日本という宣教フィールドが収穫を迎えるために、土を耕し、種を蒔く、それが災害支援活動ではないでしょうか（私自身はこの働きは、土壌づくりのように感じています）。

私たちは今、多くの先達が涙と共に蒔いた種から実った収穫を刈り取っています（ヨハネ四・三八、詩篇一二六篇）。そうであれば、さらに次の世代、さらに続く世代の教会が刈り取るための涙の種蒔きが必要とされているのではないでしょうか。

次の時代のための土壌づくり、種蒔き、現在の収穫は同時並行で行われる、それが、聖書が私たちに与えている使命だと信じます。そのようなサイクルの中で見れば、支援は宣教であり、宣教は支援であると結ぶことができるでしょう。

「見よ、その時代が来る。——主のことば——そのとき、耕す者が刈る者に追いつき、ぶどうを踏む者が種蒔く者に追いつく。山々は甘いぶどう酒を滴らせ、すべての丘は溶けて流れる。」

（アモス九・一三）

牧師の霊的形成の視点から

日本同盟基督教団・徳丸町キリスト教会　牧師
朝岡　勝

はじめに[*1]

シンポジウム主催者である横田法路牧師から、西岡義行牧師による主題講演「日本におけるホーリスティック（包括的）な宣教の課題と可能性」に対する「牧師の霊的形成の視点から」のレスポンスを、という依頼を受けた際、戸惑いを覚えました。その戸惑いの理由とは、まず「霊的形成」という言葉をどのように定義するのか、次に震災という出来事と牧師の霊的形成という事柄とはどのように関係するのか、そしてこの両者が関係をもつとしても、それを筆者が語ることができるのかということでした。その旨を率直にお伝えしたところ、東日本大震災での経験をしるした拙著[*2]を挙げられ、そこでの視点をもってこのテーマについて論じるように、と求められました。

そこで本稿では、筆者自身の経験に基づく若干の考察を記すことで、その責を果たすことに代えさせていただきたいと思います。

1 「ジレンマを抱えること」と「誠実であること」

①ジレンマを抱えること

東北の震災被災地とのいささかの関わりを与えられた東京在住の一人の牧師として、この数年の間に悩み続けたことの一つは、絶えず自分の内側にある種の「ジレンマ」を抱え続けたことでした。「優先すべきは福音宣教か支援活動か」、「今、自分がしていることは牧師がすべきことなのか否か」、「結局それらは布教のためなのではないか」、「その働きによっていったい何が残ったのか」、「自分は当事者なのか、部外者なのか」、「自分を動かしているのは隣人愛なのか、自己愛なのか」。

周囲から聞こえてくるさまざまな声によって引き起こされるジレンマはもちろんのこと、より深い問いかけは、自分の内側からこみ上げてくる、どれ一つを取っても、重く、深く、すんなりと答えの出ないものばかりでした。それによって主なる神の御前で隠すことのできない自分自身の隠された思いが露わにされ、だからこそ主の御前で取り扱われなければならない、そのようなジレンマを抱え続けたのでした。

②誠実であろうとし続けること

この悩みの中で教えられた大切なレッスンの一つは、「安易に答えを出さない」、「わかったような答えに逃げない」ということでした。なぜなら、そこで問われているのは主なる神に対する誠実さ、そして主なる神にあっての隣人に対する誠実さであろうと思ったからです。

牧師の務めは、基本的に他者に仕えるものであるゆえに、献身的に働くこと、奉仕すること、援助することによって、他者の役に立ったと思えるときに達成感や充実感、自己肯定感を覚えます。打算的でなく、無私の心から、純粋に、誠実にその責任を果たしたいと願うものです。しかしそのような思いと裏腹に、自分自身の中に絶えず沸き起こるさまざまな思いや欲望との間で揺れ動き、思い悩みます。責任を果たしたいと思って気負い込めば込むほど、実際の己の微力さ、限界に向き合わせられます。言いようのない挫折感や無力感に苛まれます。高い理想や使命感と現実の非力さや限界とのギャップに落胆します。自分が罪深く、脆弱な土の器に過ぎないということを忘れ去ってしまうのです。

このようなものの狭間で生まれるジレンマを抱え続けるのは確かに苦しいことですが、しかしその中に留《とど》まり続けることで、安易な自己満足、自己陶酔、自己憐憫、自己実現の誘惑から守られ、醒めた眼差しをもって自らを見つめ、自らの振舞いを相対化し、思い上がりに起因する見当外れや挫折感や、密かなところから起き上がってくる功名心から守られてきたように思います。このような心の揺れ動きは、牧師たちの霊性の形成や揺らぎ、時には崩壊にもつながる重要なテーマなのではないかと感じています。

③知られないこと、知らないこと

このようなジレンマを抱えながら数年間の働きを続ける中で、私自身の心にことあるごとに思い浮かんだのは、マタイの福音書二五章三一節から四六節の御言葉でした。「主よ。いつ私たちは……したでしょうか」と、自分たちがなした「最も小さい者たちの一人」に対する愛の業すら、自分自身では「知らない」と言う「正しい人たち」の姿（三七〜三九節）。彼らのそれほどの自然さ、自由さに心惹かれたのです。「右の手がしていることを左の手に知られないように」（同六・三）との主イエスの教えに生きて、自らのなす業を他人に知られず、また自分ですら知らないというところまでに自然で自由な振舞いとして「身についている」姿。ここに霊性の結実としての「愛の業の身体化」が示されているのではないでしょうか。

2　霊的形成への途——走りつつ、悩みつつ、祈りつつ

①霊性と身体の問題

「霊性」（スピリチュアリティ）は、定義の難しい言葉です。冒頭で述べたように、「霊的形成」という言葉の定義の困難さもここに起因しています。キリスト教信仰の伝統において「霊性」は、三位一体の第三位格である「聖霊」なる神と切り離すことはできません。そしてその聖霊が、私たちの内に住まれる方であることを考えると、そこでは私たちの存在の有り様とも深く関係してきます。ここでの一つの問題は、「霊性」ということが、ギリシア的な《霊＝肉》二元論で理解されてはならないということでしょう。むしろ霊性は身体と切り離すことができず、霊的形成とは「聖霊の宮とされた私たちの身体が、どのように形成されていくか」というテーマであろうということです。

②奉仕的な身体の動かし方

霊性を身体の所作と切り離すことができないものと考えるとき、先ほどのマタイの福音書二五章の「正しい人たち」が、自意識の先に、あるいは自意識の外で、身体が愛の業に反応していることに気づかされ

ます。東日本大震災の支援活動が、何の見通しや段取りもないままに、三月十一日を契機に突然動き出し、それからの日々がまさに「走りながら考える」日々であったことを思い起こすとき、「口を土のちりにつけ」（哀歌三・二九）たところから見えてくる世界に向けて、自分自身の身体が開かれ、動き出し、意味が後からついて来るということがあるのだと実感します。

一九九五年の阪神淡路大震災の折、支援活動に携わった大学生が、その経験を通して伝道者としての召しを受けて献身し、やがて牧師になったときに「避難所となった教会で、目の前にいる人々のために毎日、お食事の世話をしたり、トイレ掃除をしたりしながら、それまで頭で信じていた信仰に、はじめてリアリティを感じた」と話してくれたことがありました。東日本大震災で被災地に駆けつけた若者たちの多くも、そして熊本の震災で今も継続的に被災地に通い続けている大学生たちの中にも、同様の実感があるのではないかと思います。そこで具体的に体を動かし、汗を流し、時に涙するような経験を通して、福音的な身体、奉仕的な身体が形成されていくということがあるのではないでしょうか。

③正しい教え（ortho-doxa）と正しい行い（ortho-praxis）の関係を問う

プロテスタンティズムは、信仰義認論を救済論の核に据えるゆえに、「善き業」が聖化論の中に位置づけられるという特色をもちます。しかし、場合によってはこれが聖化のための必須条件として新しい行為義認論を生み出したり、律法主義化したりする危うさをも孕んでいます。実際に宗教改革の教会が強調した「救われた者の感謝の指針」としての律法の第三用法が、新たな律法主義を持ち込んだと批判されることもあるのです。特に一七世紀のピューリタンの時代になると、ウェストミンスター大教理問答の律法論のように、詳細な十戒の適用が、厳格で律法主義的な信仰の表現のように受け取られるということもありました。

しかし、そもそものピューリタン的な信仰には、より生き生きとした「正しい教え」(ortho-doxa)と「正しい行い」(ortho-praxis)との結びつきがあったことは忘れられてはならないでしょう。そこでは信仰とは決して抽象的な事柄ではなく、むしろ具体的で現実的な「生き方」の問題でした。このようなピューリタン的な信仰の遺産の多くを受け継いでいるはずの日本のプロテスタント教会において、しかし教えと行いの関係は今日、どのようになっているだろうか、との問いが浮かびます。「正しい教え」の強調に傾きすぎて、「正しい行い」との間に距離が生まれ、あるいは分離が生じているということはないだろうか。事柄を巡ってあれこれと論じることはあっても、一向に身体が動き出す気配を見せないということが起こっていないだろうか。身体が揺り動かされる中で形成されていく知性と、それらを包含した霊性の形成が起こっているだろうかと問われるのです。

④沈黙すること、評価しないこと、自分のあり方を他者に委ねること

もしかすると、私たちはいつしかあまりに多弁になりすぎ、能弁になりすぎているのかもしれません。自分をあり方を語り、他者の評価を語り、定義、説明、弁明、言い訳の言葉を語り、そうやって過剰な言葉に酔いしれて、それで何事かを果たしたようなつもりになってしまっているのかもしれません。しかし、もしそうであるならば、私たちの霊的形成に必要なことは、むしろ沈黙すること、自分をも他者をも評価しないこと、そして自己のこだわりから解き放たれて、自分のあり方を他者に委ねることなのではないでしょうか。
私たちの為す行いが自己実現を目的とした手段となるとき、霊的な形成は後退し、他の何ものかが立ち現れ始めます。私たちが聖霊を内に宿す土の器として生かされるのは、私たちが陶器師なるお方の手によって自由自在に用いられる時であり、自分の意図や目的を超えた、上からの大きな御手によってとらえられ、召し出される時なのではないかと思うのです。

3　新しい戒めに生きる

①「互いに愛し合いなさい」が示す新しいモデル

「霊的形成」は個人の倫理の範疇に収斂《しゅうれん》されてはならない、きわめて共同体的なものです。そこでは、「互いに愛し合う」（ヨハネ一三・三四、一五・一二、一五・一七）という新しい共同体のモデルが示される必要があるでしょう。事実、東日本大震災が、そして熊本震災が、日本のキリスト教会にもたらした一つの実りは、教団・教派の枠組みを越えて協力し合う交わりの多くが、団体同士のオフィシャルな連絡や交渉によってでなく、被災の現場で出会った牧師や信徒同士の間に生まれた友情から積み上げられていったという経験です。

互いに苦しみの中で出会い、自分一人で担い切れない重荷を前にして、互いに自分たちの無力さを知り、しかし主によって与えられた出会いを感謝して、互いに愛し合い、仕え合うことによって、中風の人を床のまま担ぎ運んだ四人（マルコ二・三）のように主の大いなる御業の中に巻き込まれていったのです。このような経験が「互いに愛し合う」という新しい戒めに生きる共同体としての教会の姿を示し、「互いの間に愛があるなら、それによって、あなたがたがわたしの弟子であることを、すべての人が認める」（ヨハネ一三・三五）という証しを立てることになるのではないかと思います。

②福音的な身体を身に帯びたキリストの教会が形成されること

牧師の霊的形成とは、教会の形成と切り離すことができません。私が切に願うのは、福音的な身体を身に帯びたキリストの教会が形成されることです。「一つの部分が苦しめば、すべての部分がともに苦しみ、一つの部分が尊ばれれば、すべての部分がともに喜ぶ」（Ⅰコリント一二・二六）キリストの教会が、そして「キリストのからだ、すなわち教会のために、自分の身をもって、キリストの苦しみの欠けたところを満たしている」（コロサイ一・二四）というリアリティーをもって形成される。そのような教会の形成を祈り求めたいと思います。

おわりに――走りながら考える

震災という大きな痛みと苦しみと悲しみのただ中に、福音を携えて遣わされていく私たちにとって、じっと佇《たたず》んで知性を弄ぶ暇《いとま》はありません。終わりの時の迫りの中で、走りながら考える、しなやかでしたたかな身体を伴う霊性が求められるでしょう。

身を切るような痛みと、息も絶え絶えになるような呻きと、身も心も沈みそうな疲れを感じながらも、それでもなお前へと進むことのできる霊的形成への途を進ませていただきたいと願います。

注

1　二〇一六年四月十四日、そして、十六日に起こった熊本地震で被災され、今も困難の中にある方々に心からお見舞い申し上げます。また地震後、速やかに立ち上げられ、今日に至るまで目を見張る働きを続けている「九州キリスト災害支援センター」の働き、とりわけ被災者の方々に寄り添い、行き届いた活動を続けているのみならず、この出来事を神学的、宣教論的に考えようとしておられることに心からの敬意を表します。

2　朝岡勝『〈あの日〉以後を生きる――走りつつ、悩みつつ、祈りつつ』いのちのことば社、二〇一四年。

若者の育成の視点から——生き方を通しての伝道にこだわって

キリスト者学生会総主事
日本福音自由教会・鳩ヶ谷福音自由教会　牧師
大嶋重徳

はじめに

キリスト者学生会（ＫＧＫ）総主事の大嶋重徳です。今日は貴重な機会にこのような発題をさせていただいて、心から感謝をしています。何より、九州キリスト災害支援センターではＫＧＫの送り出すボランティアを初めから今に至るまで、迎え続けてくださったことを心から感謝をいたします。ＫＧＫは東日本大震災のときから、広島の土砂災害、また地域のいくつかのボランティア活動に学生たちを送り出してきました。私からは、ホーリスティックな宣教の課題と可能性というテーマを、「若者の育成の視点から」お話しさせていただこうと思います。

１　震災時に向けられたいくつかの声

二〇一一年三月十一日の震災が起こったときは、私はオーストラリアにいました。しかしその翌週、留学を中断し、一旦帰国をしました。ＫＧＫの学生たちのボランティア派遣を考えていたためです。帰国し、すぐさまＪＩＦＨの清家弘久さんに連絡をとりました。「被災地に素人が入ったら邪魔になる。プロと組まないといけない」という思いがありました。これは、自分が学生時代に過ごした阪神淡路での震災の経験が大きかったように思います。以下に述べますが、こういう震災でキリスト者としてどのように初動を起こすかということは、青年期にどのような経験をしているかということに大きな影響を及ぼすと思います。そのことは今後の日本で必ず起こるであろう震災に備えて、どのように教会が次世代の奉仕者を育てていくかという課題とも関わってきます。

ＪＩＦＨの清家さんからは、「大嶋、明日、新潟から車で入れるから、新潟駅まで来れたら一緒に行こう」とすぐに言っていただいて、仙台でのベースキャンプ立ち上げに加わりました。その後、ここにおられる大友先生の塩竈聖書教会で、ＫＧＫからの学生ボランティアを受け入れていただける段取りをつけるところまで仙台に滞在しました。その際に、ＫＧＫからは大きなチームから小さなチームも含めて五十数組のボランティアを東日本に送り続けました。現在は、いわきで行われている子どもたちの勉強を見てあげる夏のプログラムに参加しています。さらに九州では、主事の松尾を中心にボランティアチームが二十七便出ており、現在も九州キリスト災害支援センターの助けによって続けられています。

さて、支援活動を行うとき、いくつかの声がＫＧＫに届けられることがあります。

「どうしてＫＧＫが災害支援に行くのか？　ＫＧＫがやるのは学内での伝道だろう！」

「若い学生を被災地に送り、何かあったら、先のある彼らの人生をどう責任取るんだ？」

「学生は暇なんだから、被災地に送ればよい……。」

「なぜうちには来ないんだ！」

非常に複雑な思いでお聞きすることになります。

2　ホーリスティックな福音理解と学生たちの被災地支援

私たちＫＧＫが災害の支援の場所にボランティアに行くことは、まさにホーリスティックな福音の理解をしているからです。これまでも大阪の西成でのボランティア、また東京北千住の給食ボランティアにも学生たちと参加してきました。福井での原油漏れの際も、関西から学生たちがボランティアとして参加をしました。

ＫＧＫでは「全生活を通しての証し」ということを、ＫＧＫスピリットとして大切にし続けてきました。それは、神さまのもたらされた救いとは魂の領域の救いだけではなく、神さまはこの世界と歴史を救いに導くのであり、この世界の全領域に救いは及ぶのだということを大切にしてきたからです。そしてキリスト者学生たちは救われた者として、自分の学部の勉強を行い、研究をし、バイトもするのです。恋愛も救われた者としての恋愛をする。言葉だけではなく生き方を通しての伝道ということを言い続けてきました。そうすることが、友だちから見て、「彼の全部の生活は、キリスト者として生きている」と思われる証しになるということを、先輩たちから受け継いできたのです。

その意味では、被災地に入っていくのは当然のことでもありました。学生だから時間があるから、「暇だから行く」のではありません。学生たちのボランティア精神が豊かだから行くのではありません。キリストに出会い、キリストに従い、キリストの救われた場所に赴くのです。信仰の応答として、被災地に行くことを考えているのです。だからこそ民間や公共の開かれたボランティアではなく、祈って、主に仕えるように地域に仕えておられるボランティアワークに、KGKは学生を送り出したいと願っています。九州キリスト災害支援センターの働きが、震災後すぐに立ち上がったことは、本当に感謝なことでした。

被災地に出かけていくことは、学内での聖書研究会と同じように、被災地でも聖書の言葉に生きることを学生たちと経験することとなります。そこで聖書を文字どおり開くわけではありませんが、聖書の言葉に生きるのです。学生たちの人生の全領域で、神の栄光をあらわす生き方をすること、とりわけ痛みのある場所で生きることを経験してほしいと思っているのです。

3　被災地における若者の育成

被災地に入ると学生たちは言葉を失い、自分の無力さに涙することとなります。まだ、現地に入る前に集合をしているときは、学生たちの肩には力が入り、意気込んでいます。しかし、必ず学生たちに対し、被災地に出かけていくための心備え、オリエンテーションを事前に行います。宮古など三陸に入るときは、盛岡で近藤愛哉牧師にこのような指導をしていただきました。そこで大切にしてきたこととは、とりわけ「自分の充足感」ではなく、被災された方の思いに立つことでした。そして被災地において、主がこの状況にどのように寄り添おうとしているかを考えること、祈りながら、主に仕えるようにボランティアをすること、そのことを最初に学生たちに伝えます。

これらの指導を現地の教会の先生方にしていただいたのは、本当に助かりました。そして実際、被災地でボランティアを迎え入れている教会では、自己充足型のボランティアがたくさん訪れ、受け入れる教会が疲弊しているという現状をも率直にお聞きしました。このような助言によって、私たちのＫＧＫボランティア派遣マニュアルは厚みを増していきました。

「教会の玄関を綺麗にする。靴は揃える」「だれに対しても、感謝を忘れない」「必ずリーダーの指示に従う」「自分の判断で行動しない」「現場での急な変更には、いつも臨機応変に対応する」「教会の使いにくいボランティアにならない」。これらの指導は、「神に従い、教会をたてあげる信仰の育成」を被災地の教会でさせていただいたことに他なりません。

さらに夜には、必ず学生と主事たちの分かち合いと祈り会を毎晩持ちました。私たちは学生に聞きます。「今日、目にした光景のどこに神さまの姿を見ましたか。」彼らはじーっと考えます。多くの学生が、目にした光景、痛んでいる子どもたちの心を思い起こし、苦しい顔をしながら、考えます。幾人も涙を流し始め、それでも主のなさろうと、主が寄り添おうとされていることに思いを馳せるときに、自らの無力さを超えて働かれる感謝の祈りへと導かれていくことを彼らは経験をしました。被災地でのこの「祈り会」は、日常の中でも見えなくされている主の業に目を留める大きな経験となります。

4　献身者、これからの震災の備えのために

さらにこれから起こりうる震災の備えのためにも、若い人たちを被災地でのボランティア経験をする必

要があると思います。東日本大震災後に現地入りをしたときに、そこでお会いした人たちは、阪神淡路大震災でボランティア経験をされている人たちがほとんどでした。私自身も「あの人がいる」「この人がいる」と勝手知っている仲間の先生方がそこにおられたのです。そこでは緊急の事態であっても、互いのアイコンタクトで「ガソリンがないので、少し分けてほしい」「了解」、「水が大量に届いた……」「あそこに配りましょう」と、土壇場の場所だからこそ、それまで築かれている関係性がものを言うわけです。

またよく言われることですが、阪神淡路大震災、東日本大震災でもボランティアに行った教会の若者たちがたくさん、神学校へと献身していきました。まさにそこで主に仕えること、いのちに最も必要なことが何かを問いかけられる経験をしたからだと思います。

この国では今後も大震災を避けることはできません。次の震災に備えて、次世代を絶えず育て、被災地に入り、初動の動き方、背後からの支援の仕方、現場での指示系統のとり方を、次世代に経験していってもらう必要があります。私は東日本大震災のとき、現地にすぐに入りましたが、それは当時の総主事が背後で現場の判断をサポートし、その判断に基づく背後からの支援をし続けてくれたからです。今回の熊本震災のときは、現地にいくら入りたくても、九州地区ＫＧＫ主事の松尾のサポートに徹すると決めていました。このような前線、背後の役割分担も経験する必要があるのだと思います。

5　ボランティア経験を通しての伝道

さらに今回の発題の中では、伝道か支援かという問題が取り上げられています。ＫＧＫにおいては支援をともにする伝道を経験させていただいてきたように思います。友人をなかなか集会や聖書研究会に誘うことができなくても、「被災地ボランティア行く?」という誘い方なら誘いやすいというクリスチャン学生がいました。現地入りをするまでの車中の時間は、自然とクリスチャンの話になりますし、ボランティアに入る前には一緒にお祈りをするわけです。自分一人だと福音を友人に伝えられなかった学生たちには自信になり、また伝えることに勇気を得ることともなります。さらにノンクリスチャンからは、「なぜこんなにも真剣にボランティアをするのだろうか」「神はいるのか」背後にある信仰への関心をもつきっかけともなります。さらに「クリスチャンも良いことをするんだな」「どこかに大量の資金があると思っていた……素朴なんですね」と言っていた、東日本で一緒にボランティアに行った青年は、その後教会で洗礼を受けたという報告を聞きました。

まとめ　生き方を通しての伝道にこだわって

今後も、KGKでは全生活を通しての証しにこだわりたいと思います。そして、現代の学生は決して暇ではありません。しかし、それでも学生だからこそやりくりをつけて被災地に入ることができるのも事実です。多くの団体が去っていくなかで、あえて踏みとどまり、継続をすることができるのも、学生時代の特権です。福島でも同じような声が聞こえます。いわきでも継続し続けていくとき、そこには子どもたちで出来上がっていく信頼関係が生まれます。

また「なぜうちには来ないんだ」というお叱りも受けます。しかし、要請全部にお応えできるわけではありません。その意味では、九州キリスト災害支援センターのような集まりがすぐに立ち上げられ、すぐさま入っていける場所が明確になったことは、とても大きな助けでした。広島の土砂災害のときもそうでした。地域教会のすでにできているネットワークがあり、そこで大人のクリスチャンたちが互いに信頼しあって、友情を築いておられることを、若者たちが見ることができることは、若者の育成という面でもどれだけ重要なことでしょうか。

ＫＧＫが大切にしてきた言葉に、「遣わされた地で福音に生きていく」という言葉があります。神さまがその時、その時に、私たちを遣わそうとしておられる派遣の場所があることを思います。そしてそこで福音に生きる。主が遣わそうとされている場所には行かざるを得ないのです。そして、示されている場所が必ずわかるようでいたいと思いますし、そのときはやはり学生たちと一緒に入っていき、そこでいただく主からの次世代の育成を経験していきたいと思っています。

教会形成の視点から

日本福音キリスト教会連合・本郷台キリスト教会　牧師
池田恵賜

東日本大震災、熊本地震、九州北部豪雨などの自然災害を通し、日本のキリスト教会は、教会の社会的責任と存在意義について改めて問い直されています。教会が主日に御言葉を宣べ伝え宣教するだけでなく、そこにキリストのからだなる教会があることによって、そこに住む人々や土地、そこでなされるあらゆる営みがどのような影響を受けていくのか、教会はどのようなインパクトを地域に与えていくことができるのか、それが包括的宣教の考えるべき課題の一つだと思います。私は、教会形成の視点から語らせていただきます。

本郷台キリスト教会は、初期の段階から、教会は地域にどのように仕えるべきかに取り組んできましたので、教会のこれまでの歴史と大切にしてきたこと、そこから教えられたことを簡単にまとめて発表させ

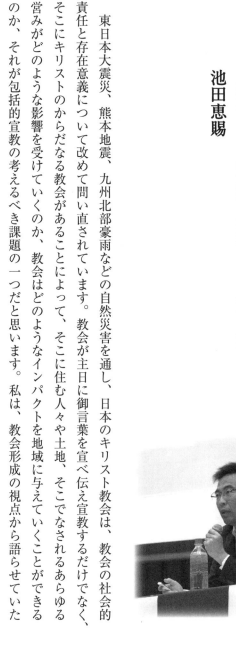

ていただきます。そこから何かヒントになるものが引き出されれば感謝です。

ー「地域の人が素通りできない教会」

この言葉は、私たちの教会にとってキャッチフレーズのようなものです。日本人はとても義理堅い民族です。家族のだれかが何らかの形で教会に世話になると、教会を素通りしなくなります。息子が世話になっているからと一礼をして教会の前を通ったり、頂き物があればお裾分けをしてくださったりします。教会の隣に住んでいた私の同級生のお父さんは、今日も平和であるのはキリストさんのおかげだと、教会の屋根の十字架に毎朝手を合わせておられたと聞きました。宣教のためには、まずは教会の存在を知ってもらう必要があります。「地域の人が素通りできない教会」になるために、教会が地域の人々の生活に何らかの関わりを持つことを大切にしました。

さて、私たちの教会は、今から五十四年前、横浜で始まった一つの家庭集会に、ドイツのリーベンゼラ宣教団から宣教師が招かれたところから始まります。開拓五年目に池田博牧師が赴任。池田牧師は当初から「地域に根ざす教会」と「世界に宣教師を送り出す教会」の二つのビジョンを掲げていました。しかし、当時の教会ではそのビジョンは理解されず、地域の必要に応えるのは行政の役割、教会は御言葉を宣べ伝えることからずれてはいけないという声があがりました。そのような中で、牧師は自ら捨て石になることを語り、宣教団からの資金援助を断り、ちり紙交換を始め、得た利益すべてを教会に献金して自給教会へと踏み出したのでした。

それでも牧師のビジョンは理解されずに、十数名だった教会員の半分は去ってしまいました。しかし、新たに救われる人も加えられ、一九七七年に平和台チャペルを献堂。その後、牧師のちり紙交換は一九九一年まで十八年間続きました。その間も、地域に仕える教会の牧師として小学校の父母の会の会長や民生委員などの役割を果たし、また、教会のホールを開放して子ども図書館も行いました。その後、教会は増改築を繰り返し、二〇〇〇年には横浜市栄区飯島町に二千二百坪の土地・建物が与えられ、ダイヤモンドチャペル（建物が日本で最後のダイヤモンド研磨工場だったことから命名）を献堂しました。

そして、地域での働きが次々に起こされていきました。

二〇〇二年　保育園ふぁみりーさぽーと のあ（二〇〇三年NPO法人取得。二〇一七年に社会福祉法人真愛《まな》へ移行）。

二〇〇三年　NPO法人サッカースクール・エスペランサ（後にエスペランサ・スポーツクラブに改称）。

二〇〇四年　NPO法人地域作業所まってる（二〇一八年に社会福祉法人真愛に合流）。

二〇〇五年　のあインターナショナルスクール（二〇一七年NPO法人取得）。

二〇〇六年　NPO法人ふぁみりーさぽーと泉（訪問介護・地域密着型通所介護。二〇一八年に社会福祉法人真愛に合流）。

二〇一〇年　クリスタルチャペルを献堂。

同　年　一般財団法人オアシス設立。翌、二〇一一年三月の東日本大震災において横浜市と協力し、被災地の復興支援に携わる。

二〇一一年八月　地域復興支援センターお茶っこはうすオアシスを石巻市にオープン。

二〇一六年　石巻オアシス教会を献堂。

二〇一七年　社会福祉法人真愛《まな》を設立。

同　年　こども食堂「にこにこ」をスタート。

現在、保育・障がい者・高齢者・子育て・教育・スポーツ・震災復興などの分野で、地域や行政と連携を取りつつ働きを進めています。宗教法人で進めている働きではないので、直接的な伝道活動が制限されるケースもありますが、むしろ言葉や知識ではなく、キリストの愛をもって仕える良い証しの場となったり、地域の人と知り合う良い機会となったりしています。

大切なポイントは、これらの働きは教会主導で始まった働きではなく、重荷を持った信徒たちによって始められたということです。これは、教会がキリストの愛をもって地域に仕えていくという長年の祈りの中で熟成されてきた本郷台キリスト教会の atmosphere（雰囲気）なのだと思います。最近では、「One for all, all for one」というラグビー用語の「all」を「Church」に変え、「One for Church, Church for one」と、「一人は教会のために、教会は一人のために」というモットーで働きを進めています。一人の教会員に与えられた重荷を教会が全力でサポートする。そんな雰囲気があるので、教会員は直面した重荷や与えられているビジョンを分かち合いやすくなっているのかもしれません。

最初に法人格を取ってスタートした保育園「ふぁみりーさぽーと のあ」は、養護施設に勤めていた一人の教会員のビジョンから始まりました。彼女の担当していた子どもが、母親の虐待を受けて亡くなったのです。また、のあインターナショナルスクールは、学校に行けなくなった一人の子どもの親の訴えに立ち上がった四十数名の祈り手たちのビジョンからスタートしました。障がい者・高齢者・スポーツ、どの働きも、痛みと祈りの中から始まりました。

痛みのあるところには、必ず主の慰めと回復の御業があると信じます。私たちにとってのピンチは、神が働くチャンスでもあります。一人ではできなくても、キリストのからだの器官が集まって、一つ心になって祈るとき、神さまが御業を成してくださるのです。

II　聖書の宣教モデル

地域に仕える教会として大切にしているのは、マタイの福音書九章三五節の御言葉です。私たちは、ここにイエスさまの宣教のモデルを見ています。ここでイエスさまは、人々のいるところに出ていって、①会堂で教え（教え）、②福音を宣べ伝え（伝道）、③病気・わずらいを癒やす（必要に応える）ことをしています。教会が宣教しようとするとき、この三つのバランスが大切です。樽は何枚かの板が組まれて作られていますが、もし板の長さが違うならば、いくら樽に水を溜めても、水は一番短い板のところまでしか溜まりません。ですので、教えと伝道と必要に応えることのバランスを、私たちは大切にしています。

〈いくつかの事例〉

教会がいくつもの地域の必要に応えていく働きを始めたときに、思わぬ化学反応が起こるようになりました。

サッカースクールに子どもを通わせていた女性Yさんは、隣接するのあインターナショナルスクール（以下、のあＩＳ）に関心をもち、あるとき説明を聞きに来られました。もともと幼児教育に関わっていたYさんは、のあＩＳの教育方針に共感し、子どもたちをのあＩＳに通わせるようになりました。そこで、まず子どもたちが救われて洗礼を受け、Yさんが救われ、ご主人が救われ、クリスチャンホームとなっていきました。

Nくんは不登校で学校に行けずにいました。あるとき、近所に住む教会員がのあＩＳのことをお母さんに知らせ、二人で説明を聞きに来ました。Nくんはのあ ＩＳに通うようになり、どんどん活発になっていきました。やがて彼は救われ、洗礼を受けました。子どもの変わり様に驚いたお母さんもバイブルスタディーを始め、翌年洗礼を受けました。Nくんは今、小学校の教員免許を取りたいと勉強を頑張っています。

Tさんは、四十年も前に子育ての悩みから教会に来るようになり、救われました。その後、教会の働きに献身的に仕えるようになりました。ご主人は奥さんの信仰を理解し、よく車で教会への送迎をしていました。ご主人はクリスマスやコンサートなどのイベントには参加されるのですが、なかなか信仰決心はされませんでした。定年退職されてからは礼拝に来るようになりましたが、やはり信仰決心に至りませんでした。やがて体調を崩され、「ふぁみりーさぽーと泉」のサポートを受けるようになりました。クリスチャンのヘルパーの介護を受けているうちに心がみるみる溶かされていき、その年のクリスマスに洗礼を受けられました。

教会見学に来られる方々から、「なぜＮＰＯ法人を取得して、働きをしているのですか」と質問を受けることがよくあります。大きな理由は二つあります。

第一の理由は、地域の人々との垣根をなくすためです。宗教法人が運営しているというだけで敬遠する方々もいらっしゃいます。私たちは、そのような方々が、その理由だけで神の愛に触れる機会を失ってほしくないと考えます。また、法人格を取り、世の中の基準も満たして運営していることで、人々の信頼を得られるとも考えます。そして、なおその中で神の愛をもって仕え、証しとなっていきたいと願っています。そのためにあえて法人格を取って運営しています。

第二の理由は、経済的な負担を教会に負わせないためです。教会は教会員の方々の尊い献金によって支えられています。年金暮らしの中でも忠実に什一献金をささげておられる方々も多くいます。そして、教会員一人一人に与えられている重荷も多様です。もし、すべての働きを宗教法人の中で行うなら、私のささげた献金は、若い元気な人のためではなく高齢者のために使ってほしいなど、さまざまな声が出るかもしれません。そのため、重荷が与えられた人々が経済的にも責任をもつという意味で、別団体にしています。

彼らは必要に応じて教会で献金のアピールやバザーなどを行い、その趣旨に賛同する方々がささげ、協力しています。教会の働きは人が増えるのに比例して広がっていきます。そのすべてに教会が経済的サポートをするならば、働きの広がりとともに立ち行かなくなることも考えられます。自主性を持たせることで責任を持つ人たちも育っていくのです。

この働きを始めた当初、役所の人に言われたことがあります。「ひとつの働きが、その地域で信用を得て口コミで広がるには十年かかる。」今、それぞれの団体が立ち上がって十年以上経ち、振り返ってみるとき、そのとおりだと思います。初めの段階では経済的な苦しさとともに、理解されないどころか誤解される苦しみを嫌というほど味わいました。そこから涙の祈りが生まれていきました。しかし、そのような時期を通ったからこそ、現在、信頼を勝ち得ているのだと感じます。

Ⅲ　出ていって初めて必要を知る

地域に出ていく働きを始めたころ、アメリカのクリスチャン・メジャーリーガーが日本に来て、ベースボールを教えてくれるという知らせが届きました。これは少年たちにとってまたとない良い機会になると、意気揚々と地域の少年野球の監督会議にアピールに行きました。しかし、すぐに私の楽観的な希望は打ち砕かれました。その場にまったく歓迎されず、どこの新興宗教団体がやってきたんだという感じの白い目で見られました。それまで五十年にわたって地域にトラクト配布をし、伝道集会を開いてきましたが、私たちの教会名すら知られていませんでした。

このときに私は、まだまだ地域に届いていない現状を見させられました。それと同時に、地域に届くというのは、ただ単に地図を広げて、ここからここまでと区域割をして、戸数を調べて、トラクトを配布するということではなく、地域に住んでいる人々が形成しているコミュニティーに出ていくことだと痛感しました。そして、そのコミュニティーはいくつもの階層から成っており、立体的に見なければ届くことはできないと感じました。

子育て世代・少年野球・サッカー・趣味のサークル・自治会等々、地域には数多くのコミュニティーがあります。教会はその各層に福音を届けていく責任があるのです。そして、教会を構成している教会員一人一人がそこにつながる足がかりを持っているのです。彼らが自分の賜物を知り、地域とのつながりを生かし、そこで神の愛をもって仕える――そのような認識を持つことが大切だと信じます。

広島で核廃絶を訴える被爆者の一人が、「私たちは微力であるが、無力ではない」と言ったそうですが、教会員一人一人が福音に対してそのような意識を持つこと、牧師は教会員がその意識を持つよう努めることが、包括的宣教の鍵になるのではないでしょうか。

アジアにおける支援と宣教の視点から

アジアンアクセス 戦略企画担当　副総裁
髙澤　健

海外に出かける際に改めて日本について感じたり考えたりすることがある。同じように、アジアの諸教会との交わりの中で、日本宣教について改めて気づかされることは少なくないように思う。ここでは、アジアにおける災害支援と宣教の中から包括的宣教について、それも二一世紀に入ってからの期間に絞って考えてみたい。二十年弱の短いものだが、脳裏にすぐ浮かぶだけでも、スマトラ島沖地震（二〇〇四年）、四川省大地震（二〇〇八年）、東日本大震災（二〇一一年）、フィリピンスーパー台風（二〇一三年）、ネパール大地震（二〇一五年）、熊本地震（二〇一六年）などがある。

東日本大震災の直後に、スリランカからインターネットを介して電話があった。二〇〇四年十二月に起こったスマトラ島沖地震による大津波の後、災害復興支援の中で宣教に携わっているスリランカ人牧師からだった。短い電話の中で、被災者の方々への慰めと励ましを祈ってくれた。そして、自身の経験から助言をしてくれた。震災復興の働きは「マラソン」だから、短距離走のように働かないこと。外部から入る災害支援専門家よりも、災害が起こる前から遣わされている現地の教会指導者を優先すること。そして、ふさわしい時期に被災地を訪問したいと話してくれた。

しばらくして、この牧師夫妻は、現地日本人牧師たちを励ますために、東北の被災地を訪問してくれた。それをきっかけに日本からも被災地の牧師たちと一緒に、津波被害に遭ったスリランカの東海岸の地域を訪問した。そこでは、震災七年目を迎えて、被災者への継続的な全人的関わりを通して福音が広まり、新しい教会さえも被災地に生み出されている様子を直に見ることができた。

そして、熊本地震の際には、同じように震災のあったネパールから、災害支援に取り組む現地の牧師夫妻に、熊本の被災地を訪問してもらった。また、日本からも九州の牧師を中心にネパールの被災地の宣教現場を視察する機会を持った。

東北、スリランカ、熊本、ネパール。そこには、被災地に仕えている主の教会の姿があった。

宣教の担い手

インターネットの普及、ITの進化に伴って、情報化社会は急速に進展している。個人でもSNS（ソーシャル・ネットワーク・サービス）などを通して、いつでも、どこにいても、世界とつながることができる。そして、その情報を基に「ヒト・モノ・カネ・コト」が、世界を駆け巡る時代である。まさに、「グローバル」だ。日本における災害でもグローバルを体感した。被災地の様子を知って、国内外から

「ヒト・モノ・カネ・コト」が支援や活動という形で即座にやってきた。

このような社会の到来をだれも想像していなかった時代に、私たちの主イエスは「あなたがたは行って、あらゆる国の人々を弟子としなさい。父、子、聖霊の名において彼らにバプテスマを授け、わたしがあなたがたに命じておいた、すべてのことを守るように教えなさい。見よ。わたしは世の終わりまで、いつもあなたがたとともにいます」（マタイ二八・一九〜二〇）と弟子たちに命じられた。そして「聖霊があなたがたの上に臨むとき、あなたがたは力を受けます。そして、エルサレム、ユダヤとサマリアの全土、さらに地の果てまで、わたしの証人となります」（使徒一・八）と宣言され、聖霊が下られると主が約束なさった主の教会（エクレシア）がエルサレムに生み出され、小アジア、ヨーロッパ、そして世界へと主のエクレシアは展開していった。

だから「グローバル」は何も新しい概念ではない。全世界を創造した主ご自身は、「グローバル」な愛で、一世紀のエルサレムに、主のエクレシアを始められた。そして主のエクレシアは、宣教の前進と共に全世界に拡大され、「グローバル」なエクレシアとなっている。そして、今日も主はご自身のエクレシアを通して働いておられる。

「包括的宣教の課題と可能性」を考える際に、包括的な宣教の担い手は、グローバルで、ローカルな「キリストのからだ」（Ⅰコリント一二・二七）であることを覚えたい。グローバルで普遍的なエクレシアは、概念としての存在だけではなく、ローカルなエクレシア（地域教会）として、特定の時代と場所に存在する。このグローバルであり、同時にローカルである「グローカル」なエクレシアが、主の宣教の担い手なのだ。

日本も含めたアジア被災地で、神の家族、キリストのからだ、主のエクレシアを実感した。もちろん今までも、さまざまな国際会議や伝道のための集会において世界各国からキリスト者が集められて、世界大のイエス・キリストの教会を感じることはあった。しかし、被災地という場所に多くの国や地域からキリスト者が集まり、主の御名によって被災地に仕える主のエクレシアの姿を、ここまで具体的に見ることはなかったのではないだろうか。宣教の担い手としての「グローカル」なエクレシアを、被災地で体験したように思う。

宣教のあり方の再考

次に、アジアの被災地における支援と宣教の現場から考えさせられるのは、帝国主義植民地政策の影響を受けた宣教のあり方である。二一世紀の幕開けを直前に、香港はイギリスから返還され、二〇〇二年に東ティモールは、ポルトガルから国際法上の独立を果たし、新世紀最初の独立国となった。これにより、政治形態こそ異なるが、アジア全地域はアジアの人々によって統治されることになった。「神によらない権威はなく、存在している権威はすべて、神によって立てられている」（ローマ一三・一）のであるから、アジア地域の統治をアジア人に戻すことをお許しになられたと理解できよう。その統治が主の御旨に従っていると主張しているのではない。しかし、この歴史的転換は、アジア地域における帝国主義植民地政策の終焉を意味している、と受けとめるべきではないだろうか。

エルサレム教会から今日までの歴史を詳らかにしなくても、主の宣教はそれぞれの時代に合わせて、それぞれの文脈の中で前進してきていることは明らかである。一五世紀に始まり、二〇世紀へと続いていった帝国主義の時代についても同じである。西欧のキリスト教国といわれる宗主国から、植民地化した国々に対して宣教は進められていった。「全世界に出て行き、すべての造られた者に福音を宣べ伝えなさい」（マルコ一六・一五）との使命が実行され、福音がそれらの国々に宣べ伝えられてきたことは、すばらしいことである。

しかし、植民地化を背景に進んだ宣教は、帝国主義の植民地政策の背景にある思想の影響をも受けたのではないだろうか。宣べ伝えられる福音は不変であるが、宣べ伝える側の文化や体質を介して伝えられる。主のエクレシアは、文化を超えた概念の中に存在するわけではない。すでに述べたように、ある一定の時と場所に存在する。だから、宣べ伝える側で自らの文化や体質を完全に排除して、福音を宣べ伝えることはできない。その結果、福音の本質ではない文化や思想などが、福音と一緒に、受け手によって無批判に受け入れられることも起こり得る。

パウロは、ユダヤ人にはユダヤ人のようになり、律法を持たない人たちには律法を持たない者のようになり、そして、弱い人たちには弱い者になり、福音を宣べ伝えた（Ⅰコリント九・一九～二二）。福音の受け手の文化に自らを合わせるようにして宣教を進めたのだった。一方、受け手であったベレアのユダヤ人たちは、パウロとシラスの宣べ伝えた福音を「はたしてそのとおりかどうか、毎日聖書を調べた」（使徒一七・一二）のだった。

伝える側の属する宗主国は、経済、テクノロジー、軍事などの「力」を背景に、植民地の諸国を属国として支配する関係であった。そこには「強者」から「弱者」へ、上から下への関係が存在する。このような背景を持つ宣教を「はたしてそのとおりかどうか」を調べることなく受け入れるなら、宣教とは「強者」が「弱者」に対して行うものとしてとらえられてしまう。

そのような宣教では、愛し仕える「関係」よりも、「強者」が「弱者」に対して遂行する「プロジェクト」が優先される。「力」によって、有形無形のより多くのものを所有する「強者」が、「弱者」に何かを「与える」、「教える」ことのみが強調され、お互いに「共有する」、「学び合う」余地は残されてはいない。このような構造の中では、神さまの御業に対する「主の証人」であるという認識よりも、主に代わって自分たちが何かを実行するという「主の代行者」としての自意識が強くなる。そうなると、「上から目線」で、自分たちが「力」を背景に何かをしてあげることが中心の宣教になってしまうだろう。

宣教の先輩たちを批判したいのではない。主の摂理の中で、帝国主義植民地政策を肯定する時代は終わったのにもかかわらず、私たちの宣教のあり方や体質が、いまだにその影響を引きずってはいないか、と問いかけたいのだ。

日本の災害に際しては、先進国からだけではなく、経済的には比較的貧しい上に、キリスト信仰に対して迫害さえあるアジアの国からも有形無形の支援を受けている。また、キリスト者人口の少ない日本からもアジアの被災地に支援のために出かける。そのような交わりが、自らの宣教に対する姿勢や理解をもう一度見直す機会を与えてくれる。

「人の子が、仕えられるためではなく仕えるために、また多くの人のための贖いの代価として、自分のいのちを与えるために来たのと、同じようにしなさい」（マタイ二〇・二八）と私たちの主は命じられた。パウロも「すべての人の奴隷になりました」（Ⅰコリント九・一九）と告白して、主イエスと同じようにした。ここには、神の無条件の愛に裏付けられた宣教のあり方しか、見いだすことはできない。包括的宣教を考えるにあたって、聖書そのものと照らし合わせて、すでに内包している体質や福音の本質とは異なるものからの影響について、自らの宣教を再考する必要があるのではないか。

宣教論と宣教観

アジアの主にある同労者たちとの交わりの中で、よく話題に上ることがある。それは、アジアの文化習慣が西洋のそれと、どれほど違うかという話だ。もちろん、同じアジアでも文化習慣は異なるが、「西洋」と「東洋」という言葉があるように、その違いは大きい。話し方を例にあげるなら、西洋では結論を最初にはっきりさせてから、その根拠となるポイントを一つずつ説明することが多い。一方アジアでは、結論を最初からはっきりとは表明せず、グルグルと回るように論旨を展開することを好む。また、東洋では横よりも縦の関係が意識され、西洋では縦よりも横関係が意識されるといった違いが話題になるのだ。

アジアにおける災害支援の働きでも、西洋との違いが現れるように思う。アジアの人々は集団意識が強いから、誰の指示を仰いで、どの現場に行って、だれと一緒にチームを組むのかを大切にする。他方、個人意識が比較的強い西洋の人々は、自分がどこに行って、何時から何時まで、何をするのかといった自分の責務の内容を大切にする傾向がある。

どちらかがより良くて、どちらかがより悪い、ということを言わんとしているのではない。また、集団意識をもつアジアの人々は、何を、いつ、どのようにするかなどについて、大切にしていないということでもない。ただ、アプローチの違いが存在することに異論はないだろう。

日本における包括的宣教を考えるにあたっても、同じようなことがいえるように思う。西洋の宣教神学者たちは、「宣教論」を展開している。宣教とは何であるか、また、何ではないかなどが論じられる。主の宣教を担うというときに、何を担っているのか、その包括性も含めて、考え論じ合うことは大切な営みである。ただ同時にアジアの教会との交わりの中で感じるのは、現場から切り離された概念の中の「宣教論」よりも、現場において「初めからあったもの、私たちが聞いたもの、自分の目で見たもの、じっと見つめ、自分の手でさわったもの」（Ⅰヨハネ一・一）としての「宣教観」を共有することがいかに重要であるかである。

包括的宣教の理解と実践に向かって、アジアの私たちが求められている貢献も、アジアの現場から生み出される宣教観を証しするところにあるのではないかと思う。

現場の証し

最後に包括的宣教について考える際に、現場に赴くことの大切さを述べたい。実際に被災地に赴かなければ、わからないことが多くある。いや、行ってみないとわからないことばかりではないだろうか。現場はすべて異なる。タイミングによっても変わる。現場は想像する以上にダイナミックなのだ。だから、それぞれの現場に目を向け、耳を傾けなければならない。そこから、何が見えてくるだろうか。何が聞こえてくるだろうか。

東北、そして九州の被災地の現場で、災害復興支援活動に従事する主の宣教を担うグローカルなエクレシアが、地域の人々から「キリストさん」と呼ばれている。このことが、日本における包括的宣教の大きな可能性を指し示しているように思う。

第四部　総括

キリスト者の災害支援の宣教学的意義と今後の課題

NPO法人 九州キリスト災害支援センター　理事長
日本イエス・キリスト教団・福岡教会　牧師
横田法路

世界有数の災害大国日本に遣わされ、建てられているキリストの教会・クリスチャンを、神は、世の光・地の塩として用いておられる。そして、これからますます用いられるであろう。そのための一つの鍵となるのが、教会が災害と向き合い、何らかの形で、それに取り組むことではないだろうか。[*1] これまでの章で重要な論点が多数出されてきたが、第四部では、私の限られた視点からではあるが、それらの中のいくつかを整理し、キリスト者の災害支援の宣教学的意義について、さらには今後の課題について述べてみたい。

I　キリスト者の災害支援の宣教学的意義

1　キリスト者の災害支援は、神の宣教《ミシオ・デイ》の重要な一部である

宣教についての理解には幅があるが、倉沢正則氏によると、福音派において以下のような理解が主流をしめている。「神の宣教《ミシオ・デイ》とは、神の国の実現を目的とした、三位一体の神による教会のあらゆる国の人々への派遣」であり、教会のミッションズとは、「神に派遣された教会がその派遣の目的に従って果たす使命と活動の全体」である。

すなわち、教会は神から派遣されて、イエス・キリストにある神の国の到来、つまり世界における神の王的支配の回復を言葉と行為によって宣べ伝える。言葉による宣教とは、「あらゆる国の人々が、聖霊によって、悔い改めとキリストに対する信仰に導き入れられ、神と和解し、教会に加わるように勧め」ることであり、「行為による宣教」とは、「教会が社会的責任を果たすために、仕える者として世界に派遣される」ことである。*2

「世界における神の王的支配の回復」は、実際には、「シャローム（well-being）」の回復である。このシャロームとは、「神が世界を創造されたときに人間に与えられていた『満たされた人間の状態』」を表している。したがって、このシャロームの回復とは、単に個人の内面の状態だけを指しているのではなく、人と人との関係、人と被造物全体との関係における“well-being”の回復である。*3 これこそが、この世界にもたらそうとしている神のビジョンであり、教会は、このゴールに向かって、神の働きに参与し、用いられる存在なのである。

災害支援は、個人のレベルであれ、共同体のレベルであれ、災害を通して壊れた"well-being"の回復の働きである。それゆえ、神の御心を求め祈りつつ行うキリスト者の災害支援は、神の宣教の働きの重要な一部である。しかしながら、この創造時の"well-being"には、神との交わりという霊的な側面が存在していた。したがって、キリスト者の災害支援は、フェーズの違いを十分に考慮しながらも、「聖霊による、悔い改めとイエス・キリストへの信仰」による神との関係の回復（神との和解）という霊的な面も含まれてくる。[*4]

今回のフォーラムの発題において、このような宣教についての基本的理解は、共有されていたように思う（特に大友論文、片山論文、岩上論文を参照）。ただし、このフェーズの違いを、だれがどのように判断するかについては、今後さらなる研究や慎重な討議を必要としている。

2　キリスト者の災害支援は、キリストの生き方そのものである。

キリスト者とはいかなるものであろうか。それはイエス・キリストの十字架にあらわされた神の贖罪愛を、信仰を通して体験した者ということができる。その贖罪愛は、全存在をもって神を愛するという自発の応答を生み出し、それは神が愛しておられる隣人への愛へと具現化するに至る。したがって、神を知っているといいながらも、隣人愛へとつながっていないとすれば、それはまだ「（愛の）神を知らない」のである（Ⅰヨハネ四・八）。

では、隣人を愛するとはどういうことであろうか。ここにイエスが教えられた「良きサマリア人のたとえ」が重要となる（ルカ一〇・二五〜三七）。隣人愛の実践とは、神が摂理的に出会わせた人、特に、苦しんでいる人を「見過ごす」のではなく、痛みや苦しみを共に担うことである。パウロは、そのことを、ガラテヤ人への手紙の五章と六章でも教えている。

「律法全体は、『あなたの隣人を自分自身のように愛しなさい』という一つのことばで全うされるのです。」
（ガラテヤ五・一四）

「互いの重荷を負い合いなさい。そうすれば、キリストの律法を成就することになります」
（同六・二）

では、「良きサマリア人」とは、だれのことであろうか。実は、そのお方がイエス・キリストご自身であり、強盗に襲われた人とは、私たちのことである。十字架において、「わが神、わが神、どうしてわたしをお見捨てになったのですか」（マタイ二七・四六）と、絶対に捨てられるはずのないお方が捨てられてくださった。それは私たちの痛み・苦しみを共に担ってくださるためである。それによって、私たちは神の救いを体験したのである。このキリストの十字架の贖罪愛が、私たちを「隣人愛」へと押し出すのである。

災害支援は、このような隣人愛の実践である。苦しんでいる人、倒れている人を見たとき、いや、神に「見せられた時に」、私たちは見て見ぬふりをすることはできないのである。そして、共に生きようとする。それがキリストの生き方であり、またキリスト者の生き方である（朝岡論文参照）[*5]。

3　キリスト者の災害支援は、キリストのからだの美しさと力強さが現出する場である。

海外のキリスト者から見た日本のキリスト教についての印象の一つは、クリスチャン人口が日本の全人口の一％未満であるにもかかわらず、教派・教団があまりにも多いということである。もちろん、教派・教団には、キリスト教の真理の豊かさを表している大切な面があることは否定しない。しかしながら、多宗教に囲まれているこの国の中で、それが、キリストのからだが一致して宣教に励む上での阻害要因となってきた面もあるのではないだろうか。

しかしながら、災害という危機を通して、バラバラに見えていたキリストのからだが、しっかりつながっていたということを、私たちは確認することができた。何の見返りも求めることなく、ただ祈り、仕え、捧げてくださった多くのキリスト者の姿に、キリストのからだの美しさを見た。一人では何もできないと思っていたが、神が不思議に、仲間を日本各地、さらには海外から送ってくださり、励まし、支え、共に仕えさせてくださった。そのようなキリストのからだの力強さが、危機のたびごとに、現出してきたのを見るのである（竹崎論文、諸藤論文参照）。

高澤氏が指摘されたように、実は、これが教会の本質的な特徴である。グローバルな教会がローカルな存在として仕えていく「グローカルチャーチ」である（高澤論文参照）。災害支援においては、この教会のグローカルな特質と力が、より鮮やかに現出するのである。しかし、これは災害支援の働きに限定される必要はない。今後さらに、宣教のさまざまな分野において、この教会の本質的力が発揮されていくことが望まれる（池田論文参照）。

4　キリスト者の災害支援は、キリスト者の霊的形成を助ける

被災の現場は、痛みの現場である。それは災害を通しての痛み（多様な喪失経験）であるだけでなく、支援を通して新たな痛みが生じることもある。その痛みは、被災者のみに限定されず、支援者にも起こる。被災者と支援者の間で、また支援者間で、どれだけ善意であったとしても、そこにさまざまな軋轢や葛藤が生まれてくることも事実である。私たちは、そのような痛みの諸経験から、今後ますます学ばなければならない。

それは痛みを回避するために学ぶだけではなく、痛みを通して神が働かれる様を学び取りたいのである。（その点において、『痛みを担い合う教会』からは、多くの貴重な示唆が与えられる）。[*6] 朝岡氏が指摘するように、霊的形成は、このような痛み（葛藤）と真実に向き合うことを通して、なされていくのである。この痛みを成長へと変える力が、キリストの十字架の福音（悔い改め、赦し、和解）にあるのである。だからこそ、災害支援の働きの中心に、いつもキリストの十字架が立っていなくてはならない。

小平氏の論考は、阪神淡路大震災から二十年が経過する中で、そのような痛みと向き合うことの難しさを認めつつも、その大切さ、さらに、どのように向き合えばよいかを示唆された重要な論考である。大嶋氏の論考も、そのような痛みと向き合う人たちの只中に、主は生きて働かれていることを見ることができるという。そしてそれこそが新しい世代の信仰者たちが受け継ぐべき霊性であることを示唆している（小平論文、大嶋論文参照）。[*7]

もう一つの視点として、マタイの福音書二五章三五～四〇節におけるキリストは、何らかの意味で、苦しんでいる人の側におられることを示唆している。

「あなたがたはわたしが空腹であったときに食べ物を与え、渇いていたときに飲ませ、旅人であったときに宿を貸し、わたしが裸のときに服を着せ、病気をしたときに見舞い、牢にいたときに訪ねてくれたからです。」

（マタイ二五・三五〜三六）

したがって、私たちが被災の苦しみのなかにある方々にお仕えするとき、予期せぬ形で、キリストに出会い、キリストを新たに知るという恵みにもあずかることができるのである。[*8]

5　キリスト者の災害支援は、「新しい」宣教の形を示している。

日本における近代の福音宣教は、都会だけではなく、地方の農漁村でも行われていた。しかしながら、第二次世界大戦後、それが都市中心の宣教へと変わっていった。[*9] したがって、福音の未伝地がいわゆる田舎に多く残ることになった。

しかしながら自然災害は、都会だけでなく田舎にも起こった。その結果、東日本大震災のケースのように、災害支援を通して、キリスト者たちが福音の未伝地であった農漁村にも入ることになり、今までなかったような接点が生まれることとなった。そして時間の経過とともに、その地において、愛をもって黙々と仕えるキリスト者ボランティアを、地域の方々は徐々に信頼してくださり、親しみを込めて「キリストさん」と呼んでくださるようになった。

キリスト者ボランティアを「キリストさん」と地域の方が呼んでくださっていることは、宣教学的に大変意味深い。なぜなら、キリスト教が、概念や教えを通してではなく、ひとりひとりのクリスチャンの（集合）人格を通して、伝えられていることだからである（この点についての興味深い分析が諸藤氏によってなされている。諸藤論文参照）。[*10]

これは近代の宣教パラダイムとは対照的である。近代の宣教の前提には啓蒙主義があり、普遍的な真理を、正しく教えさえすれば、どこでもだれでも信じ受け入れるようになる。したがって、ここでは人格や生き方から切り離して真理を伝えることが可能とされ、そのような方法でなされてきた傾向があった。[*11]

しかしながら、ポストモダンの時代に生きる人々は、そのような真理の提示の仕方には懐疑的であり、むしろ、リチャード・ボウカムが指摘するように、人格や生き方を通して証しされる真理に対して心が開かれる傾向を見る。[*12]

そのような宣教の実例を、興味深いことに、初期キリスト教の歴史の中に見いだすことができる（西岡論文参照）。ローマ帝国内の初期キリスト者たちは、たびたび迫害を受けてきた。それにもかかわらず、キリスト者の数は驚異的に増加していくのである（一～四世紀）。[*13] 初代教会史家のアラン・クライダーによれば、その理由は、キリスト者の生き方に「魅力」があったからである。その一つの特徴的な生き方が、疫病や自然災害に対するキリスト者たちの対応の仕方であった。彼らは自分たちを迫害してきた人であっても、そのような状況の中で危険を顧みず、彼らを助けようと愛を実践して生きたのであった。[*14] キリスト者には永遠のいのちが与えられているという確信と、信仰にもとづく愛のコミュニティに属しているということが、彼らのそのような生き方を支えていた。そしてそのことが、福音宣教の進展に大いに寄与することとなった。[*15]

大友氏は、東日本大震災後の宮城宣教ネットワークの働きを紹介し、日本でも支援と宣教のポジティブな関係を見てとることができることを示している（大友論文参照）。同様のことは、大震災後のネパールやスリランカでも起きている。今後は、このようなケースをさらに多角的に研究していくことが、有益であろう。

II　キリスト者の災害支援の今後の課題

今回の日本宣教フォーラムを通して浮かび上がってきた今後のキリスト者の災害支援と宣教の課題は、何であろうか。以下では、さらに深めていくべき三つのテーマを取り上げたい。

1　伝道と社会的責任の関係の問題

今回の発題者の間では多くの一致した見解が見られてきたが、必ずしも明確な一致を見ていないものもある。その一つが、支援と伝道の関係である。支援（ソーシャル・ミニストリー）と伝道（エバンジェリズム）は、宣教の両輪である（大友氏）。支援は伝道に向かう準備であり、土壌づくりである（竹崎氏、諸藤氏、岩上氏）。それは、支援→伝道という枠（プレ・エバンジェリズム、ポスト・エバンジェリズム）を超えている（永井氏）。そもそも支援と伝道というカテゴリー思考から脱却し、物語思考へと向かうべきである（西岡氏）。この支援と伝道の関係については、今後も引き続き検討がなされていくべきであろう。

しかしながら、同時に重要なのは、神の救いの出来事の多くは、神の主権の下で、クリスチャンとノンクリスチャンとの出会いのなかで、私たちの思いを超えた形で起こるということである。災害は、いままで出会うことや関わることのなかった方々が、互いにつながる契機となる。そのような場に、神は私たちに神の愛を注いで、派遣されるのである。そのような痛みの現場に、聖霊を内に宿しているクリスチャンが存在すること自体、神の宣教の一部であると言えるのではないか。それがどのような展開を経て、信仰告白へと導かれるかは、神の主権の下にあるのであって、私たち人間の側でプログラム化することは困難であるし、逆にプログラム化してしまうと、容易に硬直化を起こし、支援の現場で逆に問題を生み出す危険性がある。被災地では、人格と生き方を通しての宣教をあくまで基本としながら、そのうえで、私たちは祈りつつ、聖霊の導きに敏感に従うことが求められているように思う。

2　被災者と支援者の立ち位置の問題

支援者の立ち位置は、微妙かつ重要な問題である。支援と被支援の関係を一方通行的なものに固定化してはならない。髙澤氏は、力を背景とした上から下へ、一方的に与える、教えるという関係は、深いところで帝国主義的関係とつながっているのではないかと問題提起する。このような関係では、一時的には成功したかに見える支援であっても、時間の経過とともに、その関係性は破綻していく（髙澤論文参照）。

大切なことは、小平氏が指摘するように、支える－支えられる関係から、支え合う関係へと変化していくことである。支援者は被災者と共に生き、痛みを共に担い合う関係、支え合う関係、学び合う関係こそが、結果的には、神の愛を現していくのにふさわしい関係性である（小平論文参照）。それは、岩上氏が指摘したように、目的地を自ら定めることなく、エマオへの途上を、失望した弟子たちに寄り添って歩むイエス・キリストの姿と重なる（岩上論文参照）。そのような道の途上で、神の言葉が分かち合われ、弟子たちの心は燃やされたのである。さらに言えば、イエス・キリストの十字架の死そのものが、私たちのために自らの力を放棄し、私たちと一つとなってくださったことを意味する。[*16] 永井氏は、相互支援の関係性を表現するのに、別の視点から、すなわち、「困ったときはお互い様」という日本の伝統的な言い回しに注目しているのは興味深い（永井論文参照）。

最終的には、フェーズの違いに十分配慮しながらも、被災者―支援者という関係を超え、お互いの中にある素晴らしいものを発見し合い、それを互いのために、他者のために、用いていく。なぜなら、イエス・キリストは、「受けるよりも与えるほうが幸いである」（使徒二〇・三五）という大切な真理を教えておられるからだ。人は与えること、貢献することで喜びや幸せを感じるのである。このような取り組みは、痛みからの回復のプロセスにおいて、有益である。

3　キリスト者と非キリスト者の協働の神学的基盤の問題

災害が発生したとき、私たちはキリスト者であれ、非キリスト者であれ、救助に当たる。危急時においては、さまざまな場面での、非キリスト者との協働の必要性が生じる。神が神の民イスラエルの救いのためにペルシアのキュロス王を用いられたように、非キリスト者も神の救いの計画の中で豊かに用いられることを、聖書は教えている（イザヤ四五・一）。

しかしながら、実際に協働していく上での神学的基盤は何であろうか。さらにキリスト者としてのアイデンティティを失うことなく協働していくにはどうしたらいいのだろうか。この神学的基盤に関しては、岩上氏も指摘するように、キリスト者も非キリスト者も含めて、神は人を「神のかたち」に造られたということにあるのではないだろうか（創世一・二六〜二七）。それが罪によって破壊されていたとしても、私たちはそこに協働のための神学的基盤を見出すことができると思われる。しかしながら、このことについては、神学的に、また実践的に、さらなる探求が必要である（岩上論文、片山論文参照）。

注

1　いのちのことば社『百万人の福音』二〇一九年三月号「災害に向き合う教会」参照。

2　倉沢正則「『宣教学』とは――序論的考察」、福田充男編『宣教学リーディングス――日本文化とキリスト教』RACネットワーク関西ミッションセンター、二〇〇二年所収、二四頁。

3　新川代利子「キリスト教の観点から見た全人的開発の理論的土台」同書、三九四〜三九六頁。

4　仏教者による災害支援においても、この点においては同様の認識が見られる。蓑輪顕量「第1章　支援を支える信仰とその支援の内容を考える――仏教を一例として」、宗教者災害支援連絡会編『災害支援ハンドブック　宗教者の実践とその協働』春秋社、二〇一六年所収、一二三頁。

5　朝岡氏は「見た者の責任」という実践への強い促しを伴う視座を提供しておられる。朝岡勝『〈あの日〉以後を生きる』三・一一ブックレット、いのちのことば社、二〇一四年。

九州キリスト災害支援センターの働きも、キリストの愛に基づく隣人愛から始まったものである。九州キリスト災害支援センター編『「キリストさん」と呼ばれて――支援の現場から宣教を考える』いのちのことば社、二〇一八年。

6　第六回日本伝道会議「痛みを担い合う教会」プロジェクト編『痛みを担い合う教会――東日本大震災からの宿題』いのちのことば社、二〇一七年。

7　『熊本ボランティアを通して』（二〇一九年、KGKブックレット）参照。大学生たちが災害支援に携わる中での新たな気づきと成長について、貴重な証言が多数綴られている。

8 二〇一九年六月二十九日に行われた日本宣教学会における筆者の発表(「災害支援とこれからの日本の宣教」)に対して、西南学院大学の濱野道雄教授がこの点に関する示唆に富んだレスポンスをくださった。

9 山口勝政『閉塞感からの脱却――日本宣教神学』ヨベル、二〇一二年、第一章にそのような宣教の変遷の要因が詳しく分析されている。

10 「キリストさん」の神学的・宣教学的意味を、最初に私に示唆してくれたのは、高澤健氏である。
吉田隆氏は、「キリストさん」の重要性に早くから着目し、聖書的、歴史的、神学的考察を体系的に加えている。今後の研究の基礎となる重要な貢献である。吉田隆「災害の神学的理解 キリストさんと呼ばれて〜この時代、この地でキリスト者であること」DRC net, https://drcnet.jp/lessons_from_311_disaster_and_guidelines_for_future/2-1/

11 参照、David J. Bosch, *Transforming Mission, Paradigm Shifts in Theology of Mission*,(Orbis Books, 1996), chapter 9.

12 Richard J. Bauckham, *Bible and Mission: Christian Witness in a Postmodern World*,(Baker Academic, 2003), 98-103.「証し」は、宣教に関する聖書の主要な概念であるだけでなく、ポストモダンの時代においては、宣教学的にも有用な概念である。証しにおける真理の説得力は、レトリックの巧みさよりも、目撃者の体験と生き方に基づいている。

13 ロドニー・スタークは、紀元三〇〇年の時点で、ローマ帝国内に六百万人のキリスト者が存在したと推定する。ローマ帝国の総人口を六千万人とすると、一〇%がキリスト者になったということになる。ロドニー・スターク『キリスト教とローマ帝国――小さなメシア運動が帝国に広がった理由』(新教出版社、二〇一四年)、第一章参照。

14 Alan Kreider, “They Alone Know the Right Way to Live”: The Early Church and Evangelism’, in Mark Husbands and Jeffrey P. Greenman(ed.), *Ancient Faith for the Church's Future*(IVP Academic, 2008), pp.169-186.

15 Rodney Stark, ‘Antioch as the Social Situation for Matthew’s Gospel’ in David L. Balch(ed.), *Social History of the Matthean Community: Cross-Disciplinary Approaches* (Fortress, 1991), pp.198-205.

16 リチャード・ボウカム『イエス入門』新教出版社、二〇一三年、一八九頁。Bauckham, *Bible and Mission*, pp.50-54.

あとがき

一九九五年の阪神淡路大震災や二〇一一年の東日本大震災は、私たちの国に大きな痛みをもたらしました。キリストの教会やクリスチャンにとっても、それは同じでした。けれども、そのような痛みを通して、少しずつですが、神さまは私たちの歩みに、変化をもたらしてくださっています。その痛みを通して、日本の教会は少しずつ変わってきたように思うのです。教会が、地域の方々の痛みに寄り添いたいという願いをもち、自分たちの教会堂から出て、今まで以上に、地域の中に入っていくようになったと思うのです。たとえそれがどんなに小さな歩みであったとしても。その流れは、その後の熊本地震、九州北部豪雨災害、また二〇一八年の西日本豪雨災害においても、続いています。教会は確かに、地域の方々の痛みに寄り添って歩もうとしています。

本書は、災害大国日本において、日夜、災害支援や宣教の働きの第一線で活動しておられる方々によって書かれています。「はじめに」でも触れてあるように、二〇一八年三月に福岡市で開催された「日本宣教フォーラム」にて発題された原稿に手を加える形で、本書が成立しました。たいへんお忙しい先生方が、限られた時間の中、それぞれの専門性を生かした形で大変意義深い内容を発題してくださいました。あらためて感謝申し上げます。

中村陽志先生が日本宣教フォーラムにおいて、「ネットワークの大切さが今日言われるが、ネットワークはどこか無機質な感じがする。それよりも、キリストにある友情がいいのではないか」と言われましたが、この本もまた神さまが与えてくださった友情によって誕生したものであります。特に、私にとって中村陽志先生の存在と友情は大きく、先生抜きに私の人生は語れないと思うほどに感謝しています。

ただ本書の出版時期に関しては、私の至らなさのゆえに、当初の予定より大幅に遅れてしまい、他の執筆者にもご迷惑をおかけしてしまったこと、大変申し訳なく思い、心からお詫び申し上げます。しかしながら、本書の内容につきましては、ますます災害と向き合わざるを得なくなっている日本のキリスト者・教会にとって、大変有益なものになったと信じております。災害支援を聖書的、神学的、宣教学的、また実践的にどのように理解するかは、これからの日本のキリスト者・教会の歩みに、大きな違いをもたらします。ぜひ一人でも多くの方に、本書を手に取って読んでいただき、この大切な問題に向き合う一つのきっかけとしていただけたらと、心から願っています。

本書が生み出される背後には、当然ながら、多くの方々のたくさんの汗と、涙の祈りがあることを覚えます。特に、支援の最前線で活動を続けている多くの支援団体のスタッフの方々（私が直接関わらせていただいている九州キリスト災害支援センターのスタッフたち）に、心から感謝しています。彼・彼女たちは、キリストのからだの手足となり、それらを実際に動かして、キリストの愛を日夜届けてくれています。もちろん、彼らと一緒に活動してくださっている多くのボランティアのみなさん、その背後で送り出してくださり、祈りや経済的支援を惜しみなく与えてくださっている全国の諸教会また海外の諸教会、そして諸支援団体の皆様にも感謝を申し上げます。キリストのからだの美しさと力強さを、日々に見せていただけることが、何よりも大きな喜びです。

最後になりますが、今回も編集の実務を担ってくださったいのちのことば社出版部の米本円香さんに心から感謝しています。また、共に労し、かつ、私を祈りで支え続けてくれている日本イエス・キリスト教団福岡教会の信徒の方々と教会スタッフの方々、九キ災本部の舵取りをしてくれている市來雅伸本部長、私の家族一人ひとりにも心からの感謝をささげます。そして、私たちの地上でのすべての営みは、私たちを愛してくださったイエス・キリストの父なる神さまへの愛のささげものであることを告白しつつ、「あとがき」とさせていただきます。

二〇一九年八月十一日

横田法路

「キリストさん」が拓く新たな宣教
——災害大国日本に生きる教会と共に

2019年10月1日　発行

編　者　　　　横田法路

印刷製本　　　シナノ印刷株式会社

発　行　　　　いのちのことば社
〒164-0001 東京都中野区中野2-1-5
電話 03-5341-6922（編集）
03-5341-6920（営業）
FAX03-5341-6921
e-mail:support@wlpm.or.jp
http://www.wlpm.or.jp/

ISBN978-4-264-04077-4